Herzlich bedanken möchte ich mich für die tatkräftige und geduldige Hilfe von Elisabeth Fohrler, Barbara Franco Palacio, Roswith Tauber, Ingrid Beck, Anni Hönninger, Uli Bobinger – und ganz besonders bei meiner Tochter Shanon, die alle Übungen bereitwillig auspobiert und durch eigene Vorschläge bereichert hat.

Elisabeth Bobinger

Eutonie – Kinder finden zu sich selbst

Anleitung und Übungen zur Entfaltung
der schöpferischen Kräfte

DON BOSCO

Die Deutsche Bibliothek – CIP-Einheitsaufnahme

Bobinger, Elisabeth :
Eutonie – Kinder finden zu sich selbst : Anleitung und Übungen
zur Entfaltung der schöpferischen Kräfte / Elisabeth Bobinger.
[Fotos: Christa Pilger-Feiler]. – 1. Aufl. – München : Don Bosco, 1998
ISBN 3-7698-1111-9

Für ihre hilfsbereite und freundliche Unterstützung
danken wir der Eutoniepädagogin Roswith Tauber,
Nelkenstraße 26, 8006 Zürich, in deren Eutoniegruppen
alle Fotos für dieses Buch entstanden sind.

1. Auflage 1998 / ISBN 3-7698-1111-9
© 1998 Don Bosco Verlag, München
Umschlag: Felix Weinold unter Verwendung eines Fotos von Christa Pilger-Feiler
Fotos: Christa Pilger-Feiler
Gesamtherstellung: Don Bosco Grafischer Betrieb, Ensdorf

Gedruckt auf umweltfreundlichem Papier.

Inhalt

Einführung 10
   1. Wachsen mit guter Spannung 10
   2. Für wen das Buch geschrieben ist 11
   3. Wer Eutonie-Einheiten anleiten kann 12

I. Was ist Eutonie? 13
   1. Der Begriff 13
   2. Die Herkunft 15
   3. Was herauskommt, bist du – die Wirkung eutonischer Übungen 17
   4. Acht eutonische Prinzipien 19
   5. Wie sehen eutonische Körperübungen aus? 20
   6. Fachbegriffe 22
      Ein guter Tonus 22
      Tonusflexibilität 22
      Präsenz 23
      Körperbewusstsein 24
      Kontakt 24
   7. Therapeutische Anwendung und Grenzen 25
   8. Die Geschichte vom Tausendfüßler oder:
      Das verlorene Körperbewusstsein 27

II. Eutonie mit Kindern 30
   1. Ausgangssituation Schule und Kindergarten 30
      Störfaktor Überfrachtung 30
      Störfaktor Leistungsdruck 31
      Störfaktor Verinselung 31
      Den Alltag eutonisch anpacken 32

2. Vorbereitung ... 33
Kindgemäße Schwerpunkte ... 33
Der Raum ... 34
Die Zeit ... 35
Das Material ... 35
Die Gruppe ... 37
Die Kleidung ... 37
Planungsraster ... 37
Die Sprache ... 38
Fragen und Ansagen ... 39
Den Körper kennen lernen ... 41
Rituale ... 43
Wie kann man Kindern Eutonie erklären? ... 44

3. Kleine Ideen für den Anfang ... 44
Vorschlag 1: Augen auf ... 45
Vorschlag 2: Ohren auf ... 46
Vorschlag 3: Augen zu ... 46
Vorschlag 4: Augen zu und Ohren auf ... 47
Vorschlag 5: Durch den Raum kugeln ... 47
Vorschlag 6: Das Zauberwort ... 47
Vorschlag 7: Schlittschuh ... 47
Vorschlag 8: Fußmalerei I ... 48
Vorschlag 9: Fußmalerei II ... 48
Vorschlag 10: Fuß-Achterbahn ... 48
Vorschlag 11: Füße klopfen ... 49
Vorschlag 12: Hindernisse spüren ... 49
Vorschlag 13: Wie groß ist mein Körper eigentlich? ... 50
Vorschlag 14: Das Körperbild legen ... 50
Vorschlag 15: Intensives Strecken ... 50
Vorschlag 16: Muschel oder Blume ... 51
Vorschlag 17: Die Spür-Übung ... 51
Vorschlag 18: Zehenspiele ... 52
Vorschlag 19: Schaukeln ... 52

Vorschlag 20:	Massage (mit Soft- oder Tennisbällen)	52
Vorschlag 21:	Massage (mit Kirschkernsäckchen)	53
Vorschlag 22:	Afrikanische Wasserträger (mit Kirschkernsäckchen)	53
Vorschlag 23:	Kastanien kicken	54
Vorschlag 24:	Kastanien treten	54
Vorschlag 25:	Hindernis-Liegen (mit Tennisball)	54
Vorschlag 26:	Ton spüren	55
Vorschlag 27:	Die Katzenübung	55

4. Einstiegsübungen – sechs Modelle 56
Modell 1:	Berühren, Raum und Material kennen lernen (Kolumbus)	58
Modell 2:	Bewegen und Berühren (Die Autowaschanlage)	60
Modell 3:	Bewegung mit Materialien (Die Raupe)	62
Modell 4:	Berühren und Tasten mit Materialien (Die Sonne in der Hand)	63
Modell 5:	Bewegen, Widerstand und Transport erfahren (Die Bergbesteigung)	64
Modell 6:	Baf – Berühren, abklopfen, fühlen (Der Frosch)	67

5. Vier eutonische Übungskreise 69

Übungskreis I: Arbeit mit Materialien 70
Vorschlag 1:	Das Deckenspiel	70
Vorschlag 2:	Brücken bauen	72
Vorschlag 3:	Schnecke oder Schildkröte	73
Vorschlag 4:	Riesenschlange	73
Vorschlag 5:	Der Sandmann kommt	87
Vorschlag 6:	Die Kinderschlange	88
Vorschlag 7:	Hindernis-Liegen I	88
Vorschlag 8:	Antenne	90
Vorschlag 9:	Hindernis-Liegen II	90
Vorschlag 10:	Bodentennis	91
Vorschlag 11:	Knödel machen	92

Vorschlag 12:	Kerze anzünden	93
Vorschlag 13:	Fußball	93
Vorschlag 14:	Dicker Mann	94
Vorschlag 15:	Ton-Modelle	94

Übungskreis II: Spüren – Berühren – Kontakten 95
Vorschlag 1:	Den Körperrand formen	97
Vorschlag 2:	Körper-Ordnung schaffen	98
Vorschlag 3:	Farbenspiel	99
Vorschlag 4:	Waschtag	99
Vorschlag 5:	Lasten tragen	100
Vorschlag 6:	Festen Boden unter den Füßen bekommen I	101
Vorschlag 7:	Festen Boden unter den Füßen bekommen II	102
Vorschlag 8:	Fußsohlen spüren	103
Vorschlag 9:	Druck-Punkte I	104
Vorschlag 10:	Druck-Punkte II	105
Vorschlag 11:	Den Körper abklopfen	105
Vorschlag 12:	Die Knochen spüren	106
Vorschlag 13:	Wirbelsäule sanft tasten und ein Päckchen werden	107
Vorschlag 14:	Luft spüren	107
Vorschlag 15:	Stoff spüren	108

Übungskreis III: Bewegung 109
Vorschlag 1:	Aufwachen und Strecken	110
Vorschlag 2:	Über die grüne Wiese rollen	111
Vorschlag 3:	Lauter Krabbelmonster	111
Vorschlag 4:	Päckchen schnüren	112
Vorschlag 5:	Pendeln im Glockenturm	112
Vorschlag 6:	Weltreise	113
Vorschlag 7:	Fortbewegen ohne Füße	114
Vorschlag 8:	Werfen I	114
Vorschlag 9:	Werfen II	115
Vorschlag 10:	Werfen III	116

Vorschlag 11:	Hüpfburg	117
Vorschlag 12:	Käfer, Hummel, Frosch	117
Vorschlag 13:	Entfalten I	118
Vorschlag 14:	Entfalten II	118

Übungskreis IV: Widerstand 119
Vorschlag 1:	Die Wand drücken	119
Vorschlag 2:	Unsichtbarer Stuhl	121
Vorschlag 3:	Handball	121
Vorschlag 4:	Fußball	122
Vorschlag 5:	Reifenspringen	122
Vorschlag 6:	Sitzen	123

6. Nachbereitung 124
7. Zwischen Improvisation und Intention 124
8. Zum schnellen Nachschlagen 126
   Die Spür-Übung 126
   Intensives Strecken 127
   Die Ansage 127
   Die Tobe-Übung 127
   Das Begrüßungsritual 128
   Das Abschlussritual 128

Literatur 129
Adressen 129

Einführung

1. Wachsen mit guter Spannung

Spielen, Lernen, Toben, Tanzen, Singen, Basteln: Der Alltag von Kindern ist – ihrer Natur gemäß – vielseitig. Die meisten Kinder bekommen eine Fülle von Anregungen. Manchmal sind es sogar ein paar zu viel. Dann zum Beispiel, wenn keine Zeit mehr da ist, eigene Wünsche und Bedürfnisse wahrzunehmen, sich mit sich selbst und der allernächsten Umwelt zu beschäftigen. Für ein Kind steckt die Welt grundsätzlich voller neuer, interessanter Dinge – auch ohne Power-Ranger oder ferngesteuertem Hubschrauber.

Trotzdem haben viele noch nie erlebt, wie schön es ist, sich in einen weichen Laubhaufen fallen lassen. Oder wie erstaunlich glatt sich ein einzelner Kieselstein anfühlen kann. Die Kinder haben oft einfach keine Zeit dazu. Und schon Kleinkinder werden überfrachtet durch ein Bombardement an komplexen Eindrücken – vom vollelektronischen Feuerwehrauto über den Fernseher bis zum durchorganisierten Freizeitpark.

Der Verlust von direkter Erfahrung im Leben der Kinder zieht weitreichendere Defizite nach sich. Pädagogen/-innen und Eltern beobachten immer häufiger den Verlust von:

- spontaner Bewegungslust
- Konzentrationsfähigkeit
- Fantasie
- Körperbewusstsein
- Wahrnehmungsfähigkeit
- Kontaktfähigkeit

Ein Allheilmittel dagegen gibt es nicht. Viele Dinge sind Erscheinungen der Zeit, mit denen umzugehen unsere Kinder und wir lernen müssen. Eutonische Übungen können dabei helfen. Denn die Eutonie ist ein Weg, wie Kinder (und Erwachsene) wieder lernen können einfache Dinge ihrer Umwelt, wie etwa das Material ihrer Kleidung, die Beschaffenheit der Luft oder die Oberfläche eines Spielzeugs, bewusst wahrzunehmen. Das gilt auch für etwas so Selbstverständliches wie ihren Körper. Manche Kinder können spielend einen Roboter auseinander nehmen und wieder zusammenbauen, können aber nicht sagen, wo ihr Bauchnabel ist. Die Kinder wissen manchmal gar nicht, dass sie auch eine Rückseite haben. Die eutonischen Bewegungen können das vermitteln.

Es ist wunderbar zu sehen, wie begeistert Kinder ihre eigene Vielseitigkeit durch eutonische Übungen entdecken können. Wahrnehmungs- und Bewusstseinsentwicklung stehen im Vordergrund eutonischen Arbeitens. Dabei werden Vorgänge und Materialien des Alltags einbezogen. Das unterstützt den kindlichen Lernansatz.

Eutonie bedeutet: an die Kreativität der Kinder zu appellieren – weil die Eutonie individuelles Empfinden in den Vordergrund stellt und Suggestion vermeidet.

Eutonisches Arbeiten heißt: die verschiedenen Signale von außen, der Umwelt, und von innen, dem eigenen Körper und der eigenen Gefühlswelt, aufzunehmen, zu sortieren und angemessen auf sie zu reagieren.

Die Schulung und Erweiterung der eigenen Sensibilität erreicht die Eutonie durch **vier Kernbereiche**:
- Körperübungen in Ruhe und in Bewegung
- Begegnung mit dem Boden und seiner Tragkraft
- Einbeziehen von Materialien
- Wahrnehmen des umgebenden Raumes

Zu spüren ist der Unterschied zwischen eutonischen und herkömmlichen Bewegungsabläufen oft schon für Neueinsteiger: Ein eutonisch angeregter Mensch verausgabt sich nicht so schnell, er wendet für alles nur so viel Aufwand an wie nötig und spürt, wann es Zeit für Erholung ist. Er ist offen für die Welt und aufmerksam.

Kinder zeigen beim eutonischen Arbeiten oft eine verblüffende Körperintelligenz. Ihre spontanen Ideen nehmen Anweisungen der Erzieherin oder Lehrkraft nicht selten vorweg.

Kinder sind deshalb geborene Eutoniker – wenn man sie nur ließe.

2. Für wen das Buch geschrieben ist

„Die Eutonie betrifft den Gesunden wie den Kranken, den Sportler wie den Tänzer, den geistig wie den körperlich Arbeitenden."
(Gerda Alexander, 1908–1994
Begründerin der Eutonie)

Zunächst einmal richtet sich dieses Buch an alle Kinder, die zu mehr Ruhe kommen wollen, die vergessen haben, wie schön es ist, ganz bei sich selbst zu sein, die wieder lernen wollen, sich selbst zu spüren.

Außerdem wendet es sich besonders an Kinder, die an Schlafstörungen, Konzentrationsschwächen, gestörtem Kontaktverhalten, Hyperaktivität, Nervosität oder Mangel an Beweglichkeit leiden.

Weil Kinder nicht unbedingt selbst wieder finden können, was ihnen genommen wurde, wendet sich dieses Buch an alle, die mit Kindern zu tun haben – beruflich, aber auch in der Familie: Erzieherinnen, Lehrkräfte, Eltern.

Die Übungen sind gedacht für etwa vier- bis zehnjährige Kinder. Grundsätzlich gibt es keine Altersgrenze für Eutonie, es gibt sogar Eutonie für Babys. Der Einstieg in die Eutonie fällt allerdings erfahrungsgemäß Kindern in der Pubertät schwer. Hemmungen im Umgang mit dem eigenen Körper und im Umgang mit anderen stehen oft im Weg. In dieser Phase anzufangen kann daher etwas mühsam sein.

Deshalb wäre es wünschenswert, frühzeitig mit der Eutonie zu beginnen. Denn ein Kind profitiert von seinen eutonischen Grundkenntnissen gerade während des anstrengenden Prozesses des Erwachsenwerdens.

Natürlich können auch Erwachsene, also Eltern, Erzieherinnen und Lehrkräfte usw., die meisten Übungen mit Gewinn mitmachen. Die Prinzipien der Eutonie sind für Kinder und Erwachsene im Großen und Ganzen gleich.

3. Wer Eutonie-Einheiten anleiten kann

Wer ein Diplom als Eutonie-Pädagoge/-in besitzt, hat vier Jahre gründlicher Ausbildung hinter sich. Trotzdem ist es auch für Laien sehr gut möglich, wertvolle eutonische Impulse in die Arbeit mit Kindern einzubringen. Grenzen sind ihnen da gesetzt, wo es sich um schwer verhaltensgestörte Kinder handelt, wo, etwa bei Sonderschulkindern, ganz bestimmte Lernziele mit der Eutonie verbunden werden, wo es um echte Krankheitsbilder geht, und auch da, wo ganz intensiv in einem bestimmten Bereich, beispielsweise der Feinmotorik, gearbeitet werden soll.

Wer als Eutonie-begeisterter Laie mit Kindern arbeiten will, wird keine kompletten Eutonie-Stunden im umfassenden Sinn gestalten können und wollen. Aber Ideen der Eutonie können den Kindern nahegebracht werden und ein gutes Grundgerüst, auf dem bei Interesse und Bedarf weitere Eutonie-Einheiten aufgebaut werden können.

Und wer immer Eutonie anleitet, lernt etwas sehr Seltenes, aber sehr Kostbares: wertfreies Beobachten.

Die Einstiegs-Übungen sind so aufgebaut, dass sie auch von Eutonie-Neulingen ausprobiert werden können. In der Eutonie darf man großzügig mit sich und den anderen sein. Einmal auf den Stuhl krabbeln und wieder herunter und das bewusst anders machen als sonst kann schon eine wunderbare eutonische Übung sein.

Voraussetzungen für einen fruchtbaren Umgang mit eutonischen Übungen und Ideen sind deshalb vor allem drei Dinge:
1. ein gewisses Maß an Hintergrundwissen,
2. viel Fingerspitzengefühl,
3. eine gute Portion Fantasie.

Zu Punkt 1 will das Buch verhelfen, zu den beiden anderen anregen.

I. Was ist Eutonie?

1. Der Begriff

„Das ist es, was ich Körperbewusstsein nenne: die aktive Sensibilität des ganzen Organismus."
(Gerda Alexander)

„Eutonie ist, wenn man sich gut fühlt, aber nicht genau weiß, warum." So begeistert hat es einmal ein Eutonie-Neuling formuliert. An diesem spontanen Eindruck ist viel Wahres. Zwar wissen Eutonie-Pädagogen, die sich viele Jahre intensiv mit Eutonie beschäftigt haben, durchaus, woher die innere und äußere Harmonie kommt. Aber der saloppe Satz beschreibt trotzdem zwei wichtige Bestandteile der Eutonie. Erstens: Wer mit Eutonie im Alltag lebt, muss nicht mehr ständig nachdenken, wie das oder jenes nach den Regeln der Eutonie getan werden muss – er tut es einfach und fühlt, was das Richtige ist. Zweitens: Eutonie kommt ohne Dogmen aus. Es gibt ein eutonisches Grundgerüst, aber keine starren Mauern. Jeder, der Eutonie macht, wird an dem Haus ein klein wenig mitbauen, auf seine Art.

Für die eutonische Arbeit in der Familie, in Kindergärten oder Grundschulen bedeutet das:

1. Jeder noch so klein scheinende Schritt kann ein Erfolg sein.
2. Störungen gehören bei der Arbeit mit Kindern dazu und sind in vielen Fällen kein Problem. Sie können oft sogar in die eutonischen Übungen mit aufgenommen werden.

Dazu ein Beispiel: Ein Kind schreit laut. Der/die Gruppenleiter/-in macht das zum Mittelpunkt der nächsten Übung, indem er/sie die Kinder bittet dem Kraftaufwand nachzuspüren, der dem Schreien vorausgeht, und sich in einem zweiten Schritt damit beschäftigt, was dagegen beim Flüstern passiert – mit unseren Lungen, unseren Lippen, unserer Kraft.

Eutonie hat die Absicht, über den Weg sinnlicher Erfahrungen den eigenen Zustand von Leib, Seele und Geist spürbar zu machen. Das Wort setzt sich zusammen aus den griechischen Wörtern *eu* = gut, wohl, harmonisch und *tonos* = Spannung. Wörtlich übersetzt aus dem Griechischen bedeutet Eu-tonie also die gute Spannung, die Wohlspannung: die goldene Mitte zwischen Anspannung und totaler Entspannung.

Überzeugung der Eutonie ist: So, wie sich ein Saiteninstrument stimmen lässt und erst bei der richtigen Spannung der Saiten schöne Musik erklingt, während es sowohl bei zu starker Spannung wie auch bei schlaffen Saiten keine schöne Melodie von sich gibt, so lässt sich auch der Körper einstimmen.

Eine Grundhaltung ruhiger Aufmerksamkeit zu haben, bis ein ausgeglichener Zustand von Leib und Seele erreicht ist, das ist Eutonie.

Eine gute Spannung bedeutet auch, dass unsere Körperspannung der jeweiligen Situation optimal angemessen ist:

- Spüren Sie einmal, wie viel Kraft Sie brauchen, um einen Kasten Mineralwasser hochzuheben. Die Muskeln werden schon vor dem Heben angespannt, sie werden dann gehörig strapaziert, und sie entspannen, wenn sie das Gewicht loslassen dürfen.
- Vergleichen Sie: Mit wie viel Gefühl und genau dosierter Muskelkraft nehmen Sie zartes Porzellan oder ein Glas aus dem Schrank? Porzellan mit der Kraft anzuheben, die Sie für den Getränkekasten brauchen, wäre verkehrt, sinnloses Vergeuden von Energie. Der Tonus wäre sozusagen überspannt. Tun Sie das ständig, werden Sie auch von einfachen Verrichtungen schnell müde. Das Umgekehrte passiert, wenn Sie den Kasten Wasser mit der falschen Vorsicht anheben wollten: Die falsche, zu schlaffe Grundspannung wird nicht zum Erfolg führen. Der Kasten wird sich nicht bewegen oder er wird aus Ihren Händen gleiten.
- Wohlspannung ist auch ohne Muskelarbeit wichtig: Achten Sie einmal auf Ihre Anspannung, wenn Sie zuhören. Wie viel wird gefordert? Der richtige Spannungszustand wird vom Sprechenden meist sehr genau, wenn auch unbewusst, registriert. Zu wenig wie auch zu viel Aufmerksamkeit des Zuhörers wird den Erzählfluss des Sprechenden hemmen.
- Kinder können dieser Wohlspannung ebenfalls leicht nachspüren: Wie viel Anspannung brauchen Kinder, um eine Schultasche oder den Rucksack hochzuheben? Welche Kraft wenden sie an, wenn sie nur ein Glas auf den Tisch stellen wollen? Was passiert mit meinem Arm, wenn ich einen Ball werfe? Welche Konzentration ist nötig und welche Vorsicht meines Armes und meiner Finger, wenn ich einen Lego-Turm baue?

Immer mit der angemessenen Anspannung und Energie zu handeln ist angewandte Eutonie.

Auch schon bei einer so kleinen Geste wie der Begrüßung können Kinder Eutonie anwenden. Es gibt Menschen, die einen festen Handschlag vertragen, anderen genügt ein leichter Druck.

Vieles kann ganz nebenbei mit den Kindern geübt werden, etwa welche Bewegung angenehmer für sie ist, oder ob sie merken, welche Kraft sie beim Ballspielen anwenden. Und das ist dann schon echte eutonische Arbeit.

Eutonie soll alltagsbezogen sein. Wer mit Kindern im Kindergarten oder in der Schule arbeitet und spielt, weiß, dass beide Orte keine pädagogischen oder gar schöngeistigen Schonräume sind. Die Eutonie will aber auch gar keine Sonderrräume beanspruchen, die einzelnen Übungen sollen stets in den Alltag hineingetragen werden.

Eutonie wird inzwischen von Volkshochschulen angeboten, auch oft bei Exerzitien und beruflichen Weiterbildungskursen eingebaut, weil viele die wohltuende Körperarbeit durch Eutonie schätzen gelernt haben. Nicht immer wird die Eutonie so weitergegeben, wie es von der Begründerin Gerda Alexander beabsichtigt war. Wenn in diesem Buch von Eutonie die Rede ist, ist immer die *Eutonie-Gerda-Alexander* gemeint. Diese Bezeichnung ist gesetzlich geschützt, der Begriff Eutonie allein nicht. An vier internationalen Schulen werden heute pädagogische Therapeuten für Eutonie nach Gerda Alexander ausgebildet (Adressen s. Anhang S. 131).

2. Die Herkunft

Gerda Alexander (1908–1994) entwickelte die eutonische Methode an ihrer Bewegungsschule in Kopenhagen. Sie ließ sich dabei vor allem von zwei Überzeugungen leiten: dass eine enorme Heilkraft in jedem Menschen steckt und dass jeder ein Verlangen nach innerem Wachstum verspürt. Diesen Standpunkt festigte sie in Erfahrungen mit der Freien Pädagogik *Friedrich Fröbels* (1782–1852).

Der Thüringer gilt als der Begründer ganzheitlichen Denkens in der Pädagogik und widmete dem freien Spiel der Kinder und geeigneten Spielmaterialien eine zu seiner Zeit geradezu revolutionäre Aufmerksamkeit. (Impulse, die die Persönlichkeitsentwicklung der Kinder fördern und zeitgemäß auf Fröbels Spieltheorie aufbauen, finden Sie in: Lore Thier-Schroeter/Renate Diedrich, Kinder wollen bauen. Kreatives Spiel nach Fröbel, München: Don Bosco 1995.)

Der Ausgangspunkt für die Entstehung der Eutonie war für Gerda Alexander der Wunsch, eine dem heutigen Menschen angepasste Bewegungsschulung zu entwickeln. Denn diese Körperarbeit soll jedem ermöglichen, in der Bewegung seine Persönlichkeit ganz individuell zu entfalten und ihn außerdem in die Lage versetzen, eigene Schwerpunkte zu setzen – in Übereinstimmung mit seiner persönlichen Situation, seiner Psyche und seinen Möglichkeiten.

In Dänemark lernte Gerda Alexander dann die ersten Freien Schulen und Kindergärten kennen. Geprägt hat sie später auch die ganzheitliche Pädagogik von *Peter Petersen*, Professor am Erziehungswissenschaftlichen Institut der Universität Jena. Bei der Entstehung ihres eutonischen Ansatzes spielten außerdem aktuelle körpertherapeutische Strömungen der Zeit eine Rolle. Großen Wert legte sie deshalb in der Ausbildung ihres persönlichen Ansatzes auf die Bedeutung des Spürens, das Ablehnen mechanischen Übens, die Betonung des ganzen Menschen und das Vermeiden jeglicher Suggestion. Gerda Alexander baute auch Elemente des Körpertherapeuten und Physikers *Moshe Feldenkrais* (1904–1984) ein. Wie sie arbeitete auch Feldenkrais an der Heilung von Krankheiten über den Weg der Körperarbeit. Wesentlich war dem gebürtigen Weißrussen die langsame, bewusste Bewegung und die Schulung von Konzentration und Aufmerksamkeit. Beide haben sich mehrmals über ihre Arbeit ausgetauscht.

Gerda Alexander stellte den Begriff „Eutonie" zum ersten Mal 1959 vor, auf einem internationalen Kongress von Bewegungs- und Körpertherapeuten in Kopenhagen. Sie wollte Eutonie als einen Weg der Körpererfahrung verstanden wissen, der im Unterschied zu östlichen Methoden speziell Erfahrungswerte und Beschaffenheit des westlichen Menschen in den Vordergrund stellt. Weiter ging es ihr nie um ein spirituelles Weltgebäude im Hintergrund, sondern um die konkrete Anwendung von Körperbewusstsein im Alltag. Dass das letztlich den Menschen und auch seine Weltsicht verändern kann, ist naheliegend. Wie, das überlässt Gerda Alexander jedem selbst.

3. Was herauskommt, bist du – die Wirkung eutonischer Übungen

„Eutonie will nicht zudecken, sondern entdecken, sie will uns nicht helfen, besser zu funktionieren, sondern mehr wir selbst zu werden."
(Karin Schaefer, langjährige Leiterin der Schule für Eutonie-Gerda-Alexander in Offenburg)

Eutonie-Pädagoginnen und Pädagogen, die mit Kindern arbeiten, berichten von einer Fülle von konkreten (und schnellen) Auswirkungen durch regelmäßige Übungen. Es ist wunderbar zu beobachten, wie die Kinder auf eutonische Entdeckungsreise gehen, wenn sie entdecken, wie viele Seiten ihr Körper hat:
- dass ihre Ferse auch einmal beachtet werden will,
- dass Berührung nicht nur mit den Händen möglich ist, sondern mit dem ganzen Körper,
- wie viel Spaß es macht, kreuz und quer durch den Raum zu rollen anstatt zu rennen,
- Was man mit einem Tennisball alles tun kann …

In jedem Fall gilt: Es gibt keine richtige oder falsche Art und Weise eutonische Übungen auszuführen. Das eigene Erleben, Üben, Erfahren steht im Mittelpunkt, nicht das Kopieren der Anleiterin oder des Anleiters. Denn für jeden kann der Erfolg der eutonischen Übung auf einem ganz anderen Schwerpunkt liegen. Eine gescheiterte Übungsstunde gibt es im strengen Sinn nicht und keinesfalls ein nicht erreichtes Lernziel.

Zu lernen vorurteilsfrei und offen zu den eigenen Empfindungen und Grenzen zu stehen, das ist eutonische Grundhaltung. Die Übenden können sich frei von Druck fühlen, das Motto heißt: *Was herauskommt, bist du selbst!*

Besonders fix reagieren Kinder im Vorschul- und Grundschulalter auf die Impulse eutonischer Übungen. Sie haben normalerweise keine Scheu, mit ihrem Körper umzugehen, sagen ohne Umschweife, was sie fühlen, haben ihrer Natur gemäß Spaß am Neuen und am spielerischen Umgang mit Material.

Gerade Problemkindern tut die Arbeit mit dem eigenen Körper und das Ernstnehmen der eigenen Empfindungen gut. An Sonderschulen sind deshalb die Erfolge eutonischen Arbeitens vielfach belegt. Die Fähigkeiten lernbehinderter Kinder im schulischen wie im sozialen Bereich verbessern sich, sprachverzögerte Kinder holen auf, bei verhaltensgestörten Kindern wurden außergewöhnliche Fortschritte in ihrer Kommunikation und Interaktion registriert. Weil
- das Empfinden nach einer Übung bei jedem Kind anders sein kann,

- die Kinder langsam dahin geführt werden, diese Empfindungen zu spüren,
- sie lernen, ihre ganz persönlichen Meinungen zu äußern,

bekommen die Kinder auf dem Weg der Eutonie die Chance, die Meinung anderer zu hören und zu akzeptieren.

Grundschullehrer und Erzieherinnen haben bereits nach drei bis vier Übungseinheiten vor allem folgende Veränderungen beobachtet:

- Schärfung der Sinnesorgane
- Zunahme von kreativen Aktionen der Kinder
- Verbesserung der Ausdauer
- Zunahme von selbstständigen Aktionen
- Verbesserung der Konzentrationsfähigkeit
- bewusste Wahrnehmung von Außenreizen
- spontane Wahrnehmung von Außenreizen
- sicherere, runde Bewegungen

Obwohl in der Eutonie ausdrücklich vermieden wird, die Körperhaltung der Kinder zu korrigieren, verbessert sich fast immer die Haltung, was gerade für Schulkinder eine Erleichterung ist.

Nach fünf bis sechs Einheiten trauen sich oft auch schüchterne Kinder zu, eigene Bedürfnisse anzumelden, das individuelle Empfinden entfaltet sich für Lehrerkräfte und Erzieherinnen spürbar. Alle Kinder bauen merklich stärkeres Selbstvertrauen auf.

Schlafstörungen, speziell Einschlafstörungen einiger Kinder, verschwinden, manchmal vorübergehend, manchmal dauerhaft. Immer wieder stellt sich auch ein beeindruckender Nebeneffekt des eutonischen Arbeitens ein: Die Feinmotorik verbessert sich deutlich, was sich beim täglichen Schreiben, aber auch beim Spielen eines Instrumentes zeigt. Die Eutonie-Pädagogin Roswith Tauber aus Zürich zum Beispiel arbeitet seit vielen Jahren mit Kindern. Immer wieder hat sie festgestellt, dass es eutonisch vorgebildete Kinder erheblich leichter haben mit dem Erlernen eines Instruments. Sie beherrschen ihren Körper besser, ihre Gelenke sind geschmeidiger, sie lernen schneller, einen Rhythmus beizubehalten. Sie haben keine Schwierigkeiten die richtige Haltung einzunehmen.

Interessante Studien gibt es auch zum Modellieren mit Ton – dargelegt in der Arbeit der Eutoniepädagoginnen Martha Paula Kaufmann und Maria Neumann etwa, die mit sprachbehinderten Kindern in Offenburg arbeiteten. Nach einigen eutonischen Übungseinheiten gestalteten die Kinder ausgewogenere, harmonischere Formen aus der Modelliermasse. Diese sichtbare Veränderung ging einher mit Verbesserungen in der Sprachentwicklung der Kinder.

4. Acht eutonische Prinzipien

„Der Gesamtzustand eines Menschen ist an seiner Haltung, Bewegung, Atmung, Stimme zu erkennen. Und er ist durch ebendieselben zu beeinflussen."

(Gerda Alexander)

Eutonie ist kein Hokuspokus fürs Kämmerlein. Mit ihr wird vielmehr eine Grundhaltung vermittelt, die uns in vielen Bereichen des Alltags nützt. Das neu erfahrene Körperbewusstsein soll sich ausdrücklich im täglichen Leben bewähren.

Ein Beispiel: Wenn jemand einen Brief schreibt, kann er ihn schnell, unaufmerksam und verkrampft hinter sich bringen und wird hinterher vermutlich erschöpft sein. Ein eutonischer Ansatz ist es, wenn wir uns vergegenwärtigen: Wie sitze ich auf dem Stuhl, wie halte ich den Stift, wie viel Energie verwende ich, um flüssig zu schreiben? Wie fühlt sich das Schreibmaterial an, wie der Stuhl, auf dem ich sitze? Wie sitze ich überhaupt? Spürbar wird der Unterschied sofort: Wer eutonische Prinzipien anwendet, ermüdet nicht so schnell.

Die Eutonie nach Gerda Alexander geht davon aus, dass äußere Zeichen, wie etwa gekrümmte Schultern, eine zu laute oder zu leise Stimme oder auch ruckartige Bewegungen die innere Verfassung des Menschen widerspiegeln. Umgekehrt bedeutet das: Die Verbesserung einer schlechten Haltung, das Abrunden von unkoordinierten Bewegungen wird sich positiv auf die Verfassung eines Menschen auswirken.

Die **eutonischen Prinzipien** lauten deshalb:
1. Wer bewusst an einer Veränderung seines inneren Zustands arbeitet, verändert damit auch seinen äußeren Zustand und umgekehrt.
2. Um sich seiner selbst und seines Leibes bewusst zu werden, stehen in der Eutonie-Pädagogik Körperübungen an erster Stelle. Sie helfen, im buchstäblichen Sinn, ein genaueres Bild vom eigenen Körper zu bekommen.
3. Um einen ausgeglichenen Spannungszustand zu erreichen, ist es nötig, den eigenen Körper mit seinen Reaktionen, Bedürfnissen und Empfindungen besser kennen zu lernen.
4. Eutonie-Pädagogik arbeitet mit dem ganzen Menschen. Leib, Seele und Geist werden als Einheit wahrgenommen.
5. Jeder wird in seinem ihm eigenen Rhythmus belassen und kann so Ausmaß und Tempo von Veränderungen selbst bestimmen. Wichtig ist es gerade für die Arbeit mit Kindern, das

eutonische Üben den Möglichkeiten der einzelnen Gruppenmitglieder anzupassen. Die Kinder dürfen und sollen den eigenen Rhythmus finden.
6. Eutonie-Übungen sind keine Leibesübungen im herkömmlichen Sinn. Es gibt deshalb kein Vormachen, kein Korrigieren, auch keine Beeinflussung, nicht einmal durch Musik. In der Eutonie für Kinder wird allerdings hin und wieder mit Versen und Liedern gearbeitet.
7. Der Übende soll in seiner Selbstständigkeit gefördert werden und lernen, zu eigenen Lösungen zu kommen. Ziel ist die unvoreingenommene Wahrnehmung eigener Reaktionen. Mancher empfindet seinen Unterschenkel nach einer Übung als schwer, ein anderer als leicht. Beides ist richtig. Intensität und Effekt der Übungen bestimmt der Übende selbst.
8. Für kein Element der eutonischen Übungen gibt es Bewertungen oder gar Tadel. Es ist ein Üben ohne Leistungsgedanken. Einzig auf die Art und Stärke der persönlichen Wahrnehmung kommt es an.

Außerdem beschreibt Gerda Alexander zwölf bestimmte Dehnübungen, Kontrollstellungen genannt, die zum Erfahren der Durchlässigkeit und Elastizität der Gelenke und Muskeln dienen. Kleinen Kindern sind die Abfolgen nicht ganz leicht zu vermitteln, das „Kontrolle-Üben" wird ihnen mitunter auch schnell langweilig. Sie werden hier deshalb nicht näher beschrieben.

5. Wie sehen eutonische Körperübungen aus?

Das sensibilisierte Körperbewusstsein entwickelt die Eutonie
- aus Körperübungen in Ruhe und Bewegung,
- aus der Begegnung mit dem Boden und seiner Tragkraft,
- aus dem spielerischen Umgang mit Materialien,
- aus dem Erleben des Raumes.

Die Übungen können grundsätzlich in sechs Komplexe eingeteilt werden:

1. Vertrauen in den Untergrund einüben:
Der Übende liegt oder steht und versucht, sich dem Untergrund (Fußboden, Matte, Gras etc.) anzuvertrauen, sich auf ihm niederzulassen, zu spüren, wie fest sein Körper aufliegt oder auf welch starkem Fundament

er mit seinen beiden Fußsohlen steht. Die Erfahrung des tragenden Untergrundes ist Basis für alle weiteren Eutonie-Übungen.

2. Hautgefühl kennen lernen:
Die Übenden lernen, die Haut einerseits als Schutz und andererseits als Abgrenzung zur Umwelt wahrzunehmen. Tastübungen und gedankliche Konzentration auf dieses Organ helfen, diese Funktion der Haut kennen zu lernen.

3. Dreidimensionalität entdecken:
Das Erspüren der eigenen Körperinnenräume ist für die meisten Kinder anfangs eine exotische Vorstellung. Sie nehmen aber bald wahr, dass es einen Raum zwischen Wirbelsäule und Bauchdecke gibt, der Teil unseres Körpers ist.

4. Kontakt aufnehmen:
Die Eutonie versteht unter Kontakt eine Steigerungsform des Berührens, nämlich wirklich und konzentriert mit Dingen und Menschen in Beziehung und Austausch zu kommen. Der Übende bezieht in die bewusste Wahrnehmung die Oberfläche des berührten Materials mit ein und versucht durch das Berührte hindurch zu spüren. Beispiel: Das Kind legt einen Tennisball unter seinen Rücken und versucht durch den Ball hindurch Kontakt mit dem Boden aufzunehmen.

5. Widerstand spüren:
Unsere Knochen spüren beim Stehen und Gehen einen ständigen Druck, der – vom Boden ausgehend – auf uns einwirkt und von der Erdanziehungskraft kommt. Durch den Skelettzusammenhang wird dieser Druck an jedem Knochen unseres Körpers spürbar. Dadurch, dass wir uns aufrichten, leisten wir dem Widerstand. Mithilfe verschiedenen Materials, eines Partners oder des Bodens können wir unsere starke Widerstandskraft spüren. Sie ist die Kraft, die uns aufrichtet.

6. Freie Bewegung zulassen:
Schließlich gehören zum eutonischen Erleben eigene, freie Bewegungen im Raum, die jeder für sich selbst entwickelt – in dem angenehmen Bewusstsein, dass niemand kritisieren wird.

6. Fachbegriffe

Ein guter Tonus

Unter Tonus versteht man in der Eutonie die Grundspannung eines Menschen. Der Begriff bezieht sich primär auf den Zustand der Muskulatur, aber auch auf Bänder, Gelenke, Haut und Gefäße. „Der Tonus ist das äußerst subtile und differenzierte Spannungsgefüge der Gesamtmuskulatur, das sich bis in die feinsten Gefäße erstreckt" (Mariann Kjellrup, Bewusst mit dem Körper leben, S. 11).
Gefühle, Gedanken, Gegebenheiten und Prozesse unseres Körpers, Umweltreize, andere Menschen und alle Situationen, die uns begegnen, haben Auswirkungen auf unseren Tonus. Der Zustand des Tonus hängt ab von unserer körperlichen und seelischen Gestimmtheit. Er ist, so sagt die Eutonie, unsere Antwort auf das Leben.

Ein Beispiel: Das Vertrauen darauf, Wissenswertes und Interessantes mitgeteilt zu bekommen, ist es, was Sie überhaupt erst dazu gebracht hat, dieses Buch zur Hand zu nehmen. Sie sind bereit zum Lesen, motiviert, wollen Neues erfahren. Diese Haltung bedeutet, Sie haben im Sinne der Eutonie einen guten Tonus-Zustand: aufmerksam, offen. Sie bemerken selbst vielleicht ein Gespannt-Sein. Ob Sie diesen Zustand guten Gespannt-Seins beim Lesen beibehalten, wird einerseits von Ihrer Gesamtkonstitution, von Ihrer momentanen Situation und von Ihrer Fähigkeit sich zu konzentrieren abhängen. Andererseits spielt der Inhalt des Geschriebenen, die Art des Mitteilens und der Präsentation, kurz: der Tonuszustand des Schreibenden, eine große Rolle. Hat er beim Schreiben einen optimalen Tonus bewahrt, wird sich das beim Lesen mitteilen.
Interaktion, der Austausch mit dem Gegenüber, ist wesentliches Element der Eutonie.

Tonusflexibilität

Die Spannung in unserem Körper ist nicht immer gleich. Sie soll auch gar nicht immer gleich sein. Eine gute, ausgeglichene Spannung in unserem Körper ist dann vorhanden, wenn sie tatsächlich der jeweiligen Lebenssituation entspricht. Sie wird unwillkürlich verändert durch Angst oder durch Freude.
Lässt man Kinder sich ungehindert entfalten und lässt man ihnen Zeit, so können sie ihr Verhalten meist naturgemäß sehr gut der jeweiligen Situation anpassen. Durch Erziehungsmaßnahmen und andere, oft unvermeidbare Zwänge haben das viele Kinder verlernt. Sie können das, was sie

fühlen, nicht mehr zeigen. So haben bedauerlicherweise schon Kleinkinder manchmal erwachsenentypische Probleme: nämlich Schwierigkeiten mit einer flexiblen Grundhaltung, mit flexiblen Lösungsvorschlägen und Reaktionen. Das führt entweder zu einer sehr hohen Grundspannung (Verkrampfung) oder zu einer sehr niedrigen (Resignation).

Verspannungen oder Schlaffheit im Körperbild sind die Folgen. Die Eutonie registriert zunächst diesen Zustand, bevor sie versucht die Grundhaltung einer flexiblen Wohl-Spannung im ganzen Körper aufzubauen. Bei Kindern können Fehlspannungen verhältnismäßig rasch ausgeglichen werden.

Allerdings: Auch wer als Kind mit Eutonie angefangen hat, muss seinen Tonus immer wieder neu anpassen. Ein flexibler Tonus ist kein starres Klassenziel. Er ist vielmehr einem lebenslangen Prozess unterworfen. Unser Körper verändert sich, unsere Umwelt verändert sich. Eutonie heißt: auf Neues immer neu zu reagieren, abgestimmt nach den Erfordernissen der Situation wie den eigenen Bedürfnissen, und dabei stets einen angemessenen Spannungszustand zu bewahren.

Ein der jeweiligen Situation optimal angepasstes Energie-Niveau ist übrigens recht gut auch von außen sichtbar, zum Beispiel durch fließende, kraftsparende Bewegungen.

Präsenz

Zu jeder Zeit voll da sein, das klingt nach Stress. Wenn die Eutonie von der Notwendigkeit spricht, sich stets über Umweltreize und die Reaktionen unseres Körpers bewusst zu sein, ist das aber alles andere als Stress. Im Gegenteil: Wir spüren, wie wohl dem Körper diese Aufmerksamkeit nach allen Seiten tut. Präsenz ist der eutonische Fachbegriff dafür. Durch diese Haltung wird es uns möglich, Reize von außen und die damit zusammenhängenden Folgen – zum Beispiel schnellere Atmung oder verspannte Haltung – bewusst wahrzunehmen. Durch Präsenz geschieht aber noch mehr: Die bewusste Hinwendung zu dem, was an, mit und in unserem Körper passiert, verstärkt die Wirkung des Reizes.

Manche Menschen haben eine starke Fähigkeit zur Präsenz. Wer sie nicht in die Wiege bekommen hat, kann sie üben.

Ein Beispiel: Wenn ich mich strecke, etwa weil ich verspannt am Schreibtisch sitze, währenddessen aber an meine Steuererklärung denke, so wird das nicht die volle Regeneration bringen. Spürbaren Effekt hat das eutonische Strecken und Räkeln. In diesem Fall bemerke ich, wie das Strecken meine Muskeln dehnt, wie steife Gelenke wieder geschmeidig werden, wie das Räkeln der Arme und Beine meine Muskeln reizt und warm macht.

Kinder haben diese Fähigkeit der Präsenz oft noch, ohne sie erst einüben zu müssen. Sie tun etwas und der Raum um sie herum wird unwichtig (leider auch Zeitvorgaben). Wenn sie einen Außenreiz wahrnehmen, ist im Moment nichts wichtiger, als sich um diesen zu kümmern. Lehrer und Eltern können ein Lied davon singen.

Für die Eutonie ist das eine großartige Ausgangsposition. Mit Kindern kann man in der Eutonie in dieser Hinsicht oft fortgeschrittener einsteigen als mit manchen Erwachsenen.

der Eutonie gewünschte Sensibilität des gesamten Organismus führt dazu, den anderen genauer und liebevoller wahrzunehmen. Gerda Alexander etwa teilten sich Spannungen des Schülers sofort im eigenen Körperbewusstsein mit. Sie konnte einen unguten Tonuszustand bei der Begrüßung erkennen. Beim Besuch einer Sonderschule gab sie einmal einem Mädchen die Hand. Hinterher sagte sie: „Der Hals dieses Kindes ist sehr verkrampft." Tatsächlich hatte das Mädchen Schwierigkeiten beim Sprechen und litt unter Angstzuständen.

Körperbewusstsein

„Eutonie – ein Weg der körperlichen Selbsterfahrung", so heißt das Grundlagenwerk von Gerda Alexander. Den Körper in die Erfahrung der Welt und der eigenen Persönlichkeit mit einzubeziehen, sich seiner Reaktionen und Bedürfnissen bewusst zu werden ist demnach die zentrale Voraussetzung für eine gesunde Einheit von Leib und Seele. Körperbewusstsein heißt, so sagt auch Mariann Kjellrup, Eutoniepädagogin in München, nicht nur zu wissen, wie man mit seinem Körper umgeht, sondern auch, wie man mit seinen Gefühlen und Gedanken lebt.

Wer tragfähige soziale Beziehungen aufbauen will, sollte zuerst gelernt haben, seine eigene Stimmung zu fühlen. Die von

Kontakt

In der Eutonie wird Kontakt mit Menschen und Dingen als etwas ganz Elementares verstanden. Das Ausbauen der Kontaktfähigkeit mit Gegenständen und mit Menschen ist deshalb ein Meilenstein auf dem eutonischen Weg. Ein eutonisch geübter Mensch kann die Trennung zwischen sich und dem anderen aufheben und eins werden mit dem, was er kontaktet.

Ein Beispiel: Jeder Handwerker, der mit seinem Arbeitsgerät verschmilzt, ist besonders gut in der Lage, gute Arbeit zu leisten. Der andere, für den das Arbeitsgerät ein Fremdkörper ist, wird sicher keine so geschickte Hand entwickeln. Wer mit seinem Arbeitsgerät eins ist, bei wem Hand und Hobel nicht mehr zu trennen sind, kontaktet im eutonischen Sinn. Er ist eine Einheit mit seinem Werkzeug geworden. Ähnliches gilt für den hochsensiblen Bereich der Musik. Wer zwischen sich und seinem Instrument eine Distanz hat, wird nicht die Töne hervorbringen wie derjenige, für den Geige und Körper fast zusammenwachsen.

Auch im Kontakt mit anderen gibt es Barrieren. Diese aufzuheben ist für Kinder meist leicht wieder erlernbar. Sie haben oft noch eine echte, funktionierende Kontaktbeziehung, die Mutter-Kind-Beziehung, oder sie ist ihnen zumindest noch warm in Erinnerung.

Wer Kontakt und Tonusflexibilität in der Eutonie übt, hat einen Weg zu echtem sozialem Verhalten beschritten, der „nicht nur auf intellektuellem Verstehen, sondern auf Miterleben mit dem anderen beruht" (Gerda Alexander).

7. Therapeutische Anwendung und Grenzen

„Man muss den ganzen Stufenweg der Eutonie an sich selbst erfahren haben, bevor man den Schüler auf diesen Weg führen kann."
(Gerda Alexander)

Eutonische Übungen regulieren ganz allmählich das vegetative System des Körpers. Bei Sonderschulkindern oder sozial gestörten Kindern werden deutliche Verbesserungen in ihrer Entwicklung festgestellt. Durch das Erfahren einer Ordnung und Orientierung, durch das Einüben von Sammlung und das Erleben einer Basissicherheit werden die schulischen Leistungen stabiler, ihre Kommunikation mit anderen offener.

Bei Erwachsenen wurden Erleichterung und sogar Behebung von psychosomatischen Krankheitsbildern beobachtet. Die Heilungserfahrungen von Gerda Alexander selbst, die mit einer Reihe von Ärzten zusammenarbeitete, reichen von Herzrhythmusstörungen über Depressionen bis zu Angstneurosen und Sterilität. Die Anwendung darf aber hier nur von ausgebildeten Eutonie-Pädagogen/-innen und in enger Zusammenarbeit mit der Medizin erfolgen.

Damit Eutonie wirklich helfen und lindern kann, gehört selbstverständlich ein entsprechender, gesundheitsbewusster Lebenswandel dazu.

Anders als bei reinen Gymnastik-Übungen kennt die Eutonie keine Altersgrenze. Auch bewegungsgeminderte Menschen können üben. Jeder kann in seiner Übungsintensität gerade so weit gehen, wie es ihm gut tut. Beim Anfangsalter gibt es ebenfalls kein Limit. Geeignete Eutonie-Übungen gibt es für Babys, Kleinkinder und Schulkinder. Einzig in der Phase der Pubertät hat sich ein Einstieg in die Eutonie als schwierig erwiesen (zur Begründung vgl. S. 12). Allerdings wird man nie das Gefühl haben: Jetzt kann ich Eutonie. Eutonische Haltung ist vielmehr, ständig in einem Lernprozess zu bleiben.

Im vorliegenden Buch geht es um Grundgedanken der Eutonie, um Übungsmodelle und Einstiegsübungen. Ein Buch für interessierte Laien kann keine vierjährige Ausbildung ersetzen. Aber die hier beschriebenen Übungen sind so zusammengestellt, dass sie auch von Nicht-Profis ausprobiert werden können. Für die Kinder können davon wichtige Impulse ausgehen und für die Erwachsenen – Erzieherinnen, Lehrkräfte, Eltern – kann es Anstoß sein, sich näher damit zu beschäftigen.

Manche Kinder können keinen Purzelbaum machen. Solche und andere Störungen der Motorik können durch die Eutonie zutage treten und verbessert werden. Bei tiefergehenden Störungen der Kinder ist allerdings mehr als Impulsarbeit vonnöten. Wer mit Kindern Übungen macht, wird hin und wieder schon vorhandene Bewegungsschäden entdecken. Diese sollten dann speziell therapiert werden. Hier wird eine Vertiefung mit einer ausgebildeten Eutonie-Pädagogin bzw. Pädagogen angeraten. Wer intensiver einsteigen oder mit einer Kindergruppe in Schule oder Kindergarten dauerhaft eutonisch arbeiten möchte, wendet sich am besten an eine/n der im Anhang aufgeführtern Eutonie-Pädagogen/-innen (s. Adressenliste S. 130). Die besonderen Anforderungen bei Kindern an Sonderschulen bedürfen ebenfalls fachlicher Anleitung.

Die Eutonie ist keine Soforthilfemethode für verhaltensgestörte oder auffällige Kinder und sie kann keine geschädigten Wirbel wieder heilen. Aber eutonische Übungen machen aufmerksamer – sich selbst und der Umwelt gegenüber, sodass Fehler und Unregelmäßigkeiten im Umgang mit dem Körper früher registriert und fachkundig behoben werden können.

8. Die Geschichte vom Tausendfüßler oder: Das verlorene Körperbewusstsein

Der Tausendfüßler und der Skarabäus-Käfer

In der feuchten Ecke eines Gartens, wo Schlangenkraut und Vergissmeinnicht wuchsen, lebte ein einsamer Tausendfüßler namens Thomas. Er war unter den Käfern, Würmern, Schnecken und anderen Krabbeltieren der Umgebung hochgeachtet, denn er hatte ein gutes Herz, reizende Sitten und einen bezaubernden Gang. Es war unbeschreiblich, mit welcher Leichtigkeit und Grazie Thomas seine 996 Füße setzte. (Vier Füße waren ihm leider auf unerklärliche Weise abhanden gekommen.) Von nah und fern eilten die Krabbeltiere herbei, um den Tausendfüßler zu beobachten, wenn er zwischen seiner Erdwohnung und einem Birkenbusch den berühmten Morgenspaziergang machte.

Thomas trippelte nicht und schritt nicht, marschierte nicht und kroch nicht. Sein Gang war wie ein Gleiten auf Samtröllchen, so leise, sanft und graziös.

Eines Tages kam ein Skarabäus-Käfer in den Garten, der alles, was ihm unter die Augen kam, zählte, berechnete, untersuchte und abmaß. Der krabbelte, als Thomas seinen Morgenspaziergang machte, in der Entfernung von drei Käferlängen hinter ihm her, begleitete ihn zum Birkenbusch und vom Birkenbusch zurück zur Wohnung, zog sich dann unter einen Pilz zurück und vertiefte sich drei volle Tage lang in äußerst schwierige Berechnungen.

Am dritten Tage hatte der Käfer seine Berechnungen abgeschlossen, und er begab sich stehenden Fußes zu Thomas, um ihm das Ergebnis mitzuteilen. „Sehr verehrter Herr Tausendfüßler", sagte er. „Ihre Gangart genießt, wie Sie wissen, einen großen Ruf unter den Krabbeltieren!" „Das ist Vererbung", erwiderte Thomas bescheiden. „Mein Vater war ein bekannter Schnellläufer, meine Mutter war Direktorin eines Mückenballetts. Mein Gang ist nichts weiter als ein vererbtes Talent."

„Irrtum", sagte der Skarabäus-Käfer. „Ihr Gang, mein Lieber, ist ein Rechenkunststück. Er ist deshalb so harmonisch, weil Ihnen vier Füße fehlen." „Wie das?", fragte Thomas erstaunt. „Passen Sie auf, die Sache ist ganz einfach: Ein gewöhnlicher Tausendfüßler bewegt zuerst die Füße Nummer 1 bis 60, dann die Nummern 61 bis 120, sodann 121 bis 180, hierauf 181 bis 240, endlich 241 bis 300, dann ... Aber Sie verstehen schon, nicht wahr?"

Thomas nickte benommen, denn er verstand – ehrlich gesagt – kein Wort. „Die Füße 990 bis 1000", fuhr der Käfer fort, „diese letzten Füße pflegt der gewöhnliche Tausendfüßler zu schleifen, weil sich zehn nicht durch sechs teilen lässt. Denn die Beinbewegung der Tausendfüßler ist eine praktische Anwendung des Einmalsechs. Deshalb kann nur ein Tausendfüßler, dessen Füße durch sechs teilbar sind, einen schönen Gang erreichen. Sie verstehen, nicht wahr?"

Thomas nickte matt und verständnislos mit dem Kopfe. „Ihre Beinbewegung ist eine mathematische Glanzleistung: Sie fangen nämlich nicht mit Bein eins bis sechzig, sondern mit Bein eins bis zwölf an. Das ist sehr fein, weil sich 996 durch zwölf teilen lässt. Sie verstehen, nicht wahr?" Thomas konnte kaum noch nicken, so konfus war er. „Sie sehen", sagte der Käfer, „Sie bewegen 40 mal je 12 Füße, dann zweimal je 18 und endlich wieder 40 mal je 12. Das ist so apart und ungewöhnlich, dass ich es sogleich den gelehrten Krabbeltieren mitteilen muss. Empfehl' mich!"

Der Skarabäus-Käfer kroch davon, und Thomas, der Tausendfüßler, blieb mit benommenem Kopfe in seiner Wohnung zurück. Er murmelte: „Einmal sechs, 40 mal 12, 18 mal 2, nein: 2 mal 18, oder doch 18 mal 2? Was hat er gesagt? Wie war das doch?" Der arme Tausendfüßler war vollkommen durchgedreht. Er blieb zahlenmurmelnd bis zum Mittag in seiner Wohnung sitzen, versuchte vergeblich, seine eigenen Füße zu zählen, verlor den Appetit und raffte sich erst am späten Nachmittag auf, um ein wenig frische Luft zu schöpfen.

Aber du liebe Güte, was war das? Thomas fiel beim Gehen von einer Seite auf die andere, hinkte, stolperte, schleppte die Füße nach und war nach einem Spaziergang von höchstens einem halben Meter so erschöpft, dass er nicht mehr weiterkonnte und mit großer Anstrengung zurückkroch in seine Erdwohnung. Er dachte dabei ununterbrochen an die Berechnungen des Skarabäus-Käfers, fing an, seine Füße zu zählen und seine Beinbewegungen zu beobachten, und verlernte das Gehen ganz und gar. Die Nachricht vom Missgeschick des Tausendfüßlers verbreitete sich in Windeseile unter den Krabbeltieren. Käfer, Schnecken und Würmer kamen, um ihn zu trösten und ihm Mittel zur Heilung anzuraten. Aber weder der Saft der Wolfsmilch, noch der Blütenstaub des Schlangenkrautes, noch Thymian oder Dillkraut vermochten Thomas zu heilen.

Seine 996 Füße, mit denen er früher so graziös dahingeglitten war, wurden plötzlich zu einem Problem für ihn. Sie verknäulten und verhedderten sich bei jedem Schritt, und so blieb er schließlich krank und traurig in seiner Wohnung liegen, und alle Tiere meinten, nun ginge es mit ihm zu Ende.

Aber eines Morgens, als Thomas sich aus seiner Erdwohnung hinauf ins Sonnenlicht geschleppt hatte, sah er zwischen den Vergissmeinnicht eine Tausendfüßlerin vorüberziehen, die fast so graziös dahinglitt wie er selber in seiner besten Zeit. Sie sang fein im Takt ihres Schrittes das folgende Lied:

„Drei mal zwölf ist sechsunddreißig,
Wandre täglich, übe fleißig,
Bis du gehst, als ob du schwebst.
Vier mal zwölf ist achtundvierzig.
Blumendüfte, mild und würzig,
Künden, dass du liebst und lebst."

Bei den Klängen dieses Liedes fing das Herz des Tausendfüßlers zu hüpfen und zu tanzen an. Er folgte mit den Augen der schönen Tausendfüßlerin, begann, sich nach dem Takt des Liedes zu drehen und zu wenden, und mit einem Male fing Thomas, der Tausendfüßler, leichtfüßig zu gleiten an wie in seinen allerbesten Tagen. Nur war sein Gang jetzt noch viel graziöser als zuvor. Er schien wahrhaftig zu schweben, so sanft waren seine Bewegungen. Er schwebte neben der schönen Tausendfüßlerin dahin, stellte sich im Weitergleiten höflich vor und sang dann mit ihr gemeinsam:

„Sechs mal zwölf ist zweiundsiebzig.
Was gemeinsam singt, das liebt sich.
Ach, wie ist der Himmel blau!
Zehn mal zwölf ist hundertzwanzig.
Jede Frau sucht einen Mann sich.
Jeder Mann sucht eine Frau."

Zweieinhalb Stunden lang schwebte das Tausendfüßler-Paar singend durch den Garten, und alle Krabbeltiere der Umgebung umschwärmten es dabei voller Bewunderung. Nur der mathematische Skarabäus-Käfer machte eine verdrießliche Bewegung mit seinem Geweih, denn Thomas setzte die Füße jetzt ganz anders und viel komplizierter als zuvor. Er bat den Tausendfüßler deshalb, etwas langsamer zu gehen, damit man die Füße besser beobachten könne. Aber Thomas sagte: „Ich habe keine Zeit für Mathematik. Ich habe mich soeben verlobt!" Dann schwebte er mit seiner Tausendfüßlerin davon und ließ sich unter dem rotweißen Schirm eines Fliegenpilzes trauen.
(James Krüss, aus: „Mein Urgroßvater und ich",
© Verlag Friedrich Oetinger, Hamburg)

Die Füße sind ein zentraler Körperteil in der Eutonie. Viele eutonische Übungsstunden beginnen deshalb damit, die Füße fest auf den Boden zu stellen, festen Boden unter die Füße zu bekommen, den Untergrund mit den Fußsohlen zu spüren. Körperbewusstsein übt man dann gründlich ein, wenn man mit einem besseren Fußbewusstsein anfängt. Kinder haben das oft gar nicht nötig. Sie bewegen sich in Harmonie mit der Welt voran – ganz wie der Tausendfüßler Thomas. Allerdings erleben Kinder auch, wie Thomas, dass ihnen diese traumwandlerische Sicherheit des eigenen Körpers verloren geht. Vielleicht, weil ihnen die Welt ihr Denken, ihre „Mathematik" aufgedrängt hat. Oder weil man sie nicht ihren Rhythmus behalten ließ. Das Resultat: Entfremdung vom eigenen Körper, oft schon bei Vorschulkindern, in Extremfällen sogar schon bei Kleinkindern.

Die Kinderärztin *Emmi Pikler* hat sich schon vor vierzig Jahren mit Fragen der Selbstbestimmung bei Kindern beschäftigt: „Warum lassen wir einen Säugling sich nicht seinen Gesetzen gemäß entwickeln? Warum drehen wir ihn ständig irgendwohin, stellen ihn auf, setzen ihn auf, halten ihn zum Laufen an, wo er vielleicht noch gar nicht will?" Für die Ungarin war klar, welche negative Folgen die Unterdrückung der natürlichen Bewegungsfreude und der Zwang zu bestimmten Bewegungen für die Entwicklung hat. Sie beobachtete, dass bei den betroffenen Säuglingen und Kleinkindern die Ausdrucksfähigkeit verkümmerte und dies vielfach zu ungeschickten, unselbstständigen, bewegungs- und haltungsgeschädigten Schulkindern führte.

„Lasst uns Zeit" heißt deshalb ihr Grundlagenwerk. Es ist ein eindringlicher Appell an Eltern und alle Erziehenden, Kinder ihre Erfahrungen mit der Welt, mit ihrem eigenen Körper, mit ihren eigenen Möglichkeiten so weit als möglich selbst machen zu lassen. Denn das Kind ist hervorragend in der Lage selbst zu spüren, wann welche Entwicklungsabläufe an der Reihe sind. Lässt man es gewähren, so durchläuft es sie in seinem eigenen Tempo und seinem eigenen Rhythmus gemäß. Die Eutonie Gerda Alexanders geht mit diesen kinderärztlichen Prinzipien Hand in Hand.

II. Eutonie mit Kindern

1. Ausgangssituation Schule und Kindergarten

Eutonische Kindergruppen in Schulen oder Kindergarten haben eine besondere Ausgangssituation, die beim Üben berücksichtigt werden sollte. Denn diese Kinder treffen ja nicht eigens zum Zweck der Eutonie zusammen. Sie sind eine Alltagsgemeinschaft, die sich aus verschiedenen Situationen kennt, in der es Allianzen und auch Abneigungen gibt. Die Gruppe kommt nicht nur aus *Neigung*, sondern durchaus auch unter mehr oder weniger *Zwang* zusammen.

In solch einem Rahmen ist es wichtig:
1. den Kindern zu vermitteln, dass Eutonie ohne Wertung arbeitet. Dass es also nicht um Konkurrenz geht, dass es kein richtig oder falsch und daher auch kein besser oder schlechter gibt;
2. den Kindern zu zeigen, dass ganz simple eutonische Übungen viel verändern können und dass sie vor allem Spaß machen.

Eutonie legt den Schwerpunkt auf den Spaß an einfachen Erlebnissen in der direkten Umwelt. Sie kann genau an diesen Phänomenen unserer Zeit einsetzen, unter denen die Kinder schon im Kindergartenalter leiden: Überfrachtung, Leistungsdruck, Verinselung.

Störfaktor Überfrachtung

Die Kinder kommen oft aus einer Umwelt zur Gruppe, in der sie mit Reizen überflutet wurden. Elektronisches Spielzeug, audiovisuelles Spielzeug, der Fernseher, der Computer gehören oft schon zum Standard-Spielangebot für Kinder. Diese künstliche Umwelt zieht alle Aufmerksamkeit auf sich, eigenes Empfinden und Erleben treten in den Hintergrund, Zuschauen und Passivität gehören zum Spiel statt Mitmachen und Aktivsein.

Die Folgen zeigen sich beim eutonischen Üben: Durch die Entfremdung von Vorgängen des eigenen Körpers sind erschreckend viele Kinder – obwohl altersgemäß reif dafür – nicht in der Lage, bestimmte Körperteile zu benennen. Es fällt manchen schwer, aktiv zu werden und eigene Ideen zu entwickeln. Die Kinder haben oft große Konzentrations- und Koordinationsschwierigkeiten.

Sich mit den Kindern vorsichtig an ein eigenes Körperbild heranzutasten, ganz einfache Übungen wie Rollen und Purzeln einzuüben und die Kinder immer wieder zu eigenen Varianten ermuntern ist hier dringendste Aufgabe der Eutonie.

Störfaktor Leistungsdruck

Vormittags Ballettunterricht und Kindergruppe, nachmittags Malförderung, Buchstabentraining oder Instrumentalunterricht: Das kann der normale Freizeitstundenplan eines Vorschulkindes sein.
In der Eutonie-Einheit tritt dieser Außendruck dadurch zutage, dass die Kinder nur sehr schwer zu sich finden können und Probleme haben, sich auf eine Sache, auf einen einzigen Außenreiz zu konzentrieren. Sie sind nervös, haben Kontaktstörungen. Die eutonischen Übungen mit Materialien, etwa mit weichen Bällen oder Bambusstäbchen, sind hier besonders geeignet, positive Wirkungen hervorzurufen.

Störfaktor Verinselung

Die Kinder heute erleben eine isolierte, verinselte Lebenswelt. Sie verspüren einen starken Bewegungsdrang, aber Sport gibt es oft nur in dafür vorgesehen Räumen. Sie wollen entdecken, aber Tiere gibt es nur im Zoo zu sehen. Kinder wollen spontan spielen, etwas ausprobieren, oft ist auch das nur an bestimmten Plätzen möglich. Sie verlieren dadurch das Gefühl für unmittelbare sinnliche Wahrnehmung ihres Körpers und ihrer Umwelt.
In der Eutonie kann man nicht die Tiere aus dem Zoo holen oder den Rathausplatz zum Spielen freigeben. Aber dass ich meine Grenze zum Anderen leicht überschreiten kann, wenn ich ihn einfach einmal berühre, oder dass ich Hindernisse (äußere und innere) bewusst wahrnehme und bewusst überschreite, das können Kinder in der Eutonie erfahren. Wie sehr alles zusammengehören kann und um wie viel vielseitiger die Welt direkt vor der Haustür ist, als man es sich im Kämmerlein vor Computer, Game-boy oder Fernseher vorstellen kann, ist eine wichtige Erfahrung, die Eutonie vermitteln kann.
Zum Beispiel, indem
- alle erdenklichen Materialien aus dem Alltag einmal bewusst berührt werden;
- die Kinder bewusst erfahren, wie aufregend es sein kann, blind einem Geräusch nachzugehen oder wie viel Spaß es machen kann, zusammen so zu tun, als ob alle Störche in einer sumpfigen Wiese wären.

Eutonie legt schon mit ganz einfachen Einstiegsübungen bloß, worin die Defizite in der speziellen Gruppe liegen – und kann mit ein paar Übungseinheiten oft schon eine enorme Verbesserung des Gesamtzustandes der einzelnen Gruppenmitglieder erreichen.

Wer in Kindergarten oder Schule anfängt mit Kindern eutonisch zu arbeiten, kann natürlich nicht gleich eine komplette Einheit gestalten. Das ist auch gar nicht sinnvoll. Einfache eutonische Abfolgen mit alltäglichem Bezug reichen völlig aus. Eine neue „Insel" will die Eutonie auf keinen Fall schaffen. Die Übungen sind entweder direkt im Alltag anzuwenden oder sie sind eine Vorbereitung auf alltägliche Bewegungen.

Bevor Sie mit längeren und ausführlicheren Eutonie-Einheiten beginnen, ist es sicher förderlich, die Eltern in Kindergarten oder Schule über ein paar Prinzipien der Eutonie zu informieren – per Aushang, Brief oder an einem Elternabend.

Den Alltag eutonisch anpacken

„Zu lernen, sich und die Umwelt real zu fühlen und diese Fähigkeit in der Vielfalt des täglichen Lebens zu bewahren, ist eine der ersten Gaben und Aufgaben der Eutonie."

(Gerda Alexander)

Kinder, die Eutonie in regelmäßigen Abständen üben, wachsen auf vielfältige Weise: Sie vermögen genauere Beobachtungen zum Geschehen in ihrem Körper und in ihrer Umwelt zu machen und sie in vielen Fällen besser einzuordnen. Ihr Vertrauen in sich selbst und andere bekommt eine solide Basis. Sie verbessern den Kontakt innerhalb der Gruppe und entfalten ihr Gemeinschaftsgefühl.

Sichtbar wird das in einer besseren Haltung, sie können auch ihren Körper konkreter benennen und erfühlen. Basteln, Malen oder ein Instrument zu spielen fällt ihnen leichter. Sie entwickeln mehr Kreativität und trauen sich auch sie anzuwenden.

Sie haben aber auch gelernt (und Sie als Erzieherin oder Lehrkraft, als Vater oder Mutter vielleicht gleich mit) alltägliche Dinge eutonisch anzupacken – nämlich mit genau so viel Aufmerksamkeit und Kraft wie angemessen.

2. Vorbereitung

Kindgemäße Schwerpunkte

Für Kindergruppen gibt es in der Eutonie natürlich genauso wenig starre Lernziele wie für Erwachsene. Trotzdem ist es für Eltern, Erzieherin oder Lehrkraft am Anfang hilfreich, mit einem Minimum an Strukturen und Plänen zu arbeiten, die jederzeit den individuellen Gegebenheiten angepasst werden können. Allerdings: Der Wissensstand und Hintergrund der Kinder kann oft völlig unterschiedlich sein. Wo das eine erklären kann, was Muskeln sind, weiß das andere kaum, wo die große Zehe ist. Die einzelnen Schritte werden deshalb immer neu abgestimmt werden müssen, damit alle Kinder sich bei der Eutonie wohl fühlen.

Was die Eutonie für Kinder tut:
- Die Kinder erhalten für alle Sinnesorgane Anregungen. Das trainiert ihre Wahrnehmungsfähigkeit.
- Die Kinder begreifen, dass sie ihren persönlichen Wahrnehmungen und Fähigkeiten vertrauen dürfen.
- Die Kinder merken, dass sich ihre Wahrnehmungen und Beobachtungen von denen der anderen Kinder unterscheiden.
- Die Kinder lernen zuzuhören und andere Meinungen zu akzeptieren.
- Die Kinder erhalten Zeit und Platz für eigene Entdeckungen.
- Die Kinder erleben, dass ihr Verhalten nicht bewertet wird und sie unter keinem Leistungsdruck oder Zwang stehen.
- Die Kinder erfahren, dass sie das Geschehen mitgestalten und mitbeeinflussen.
- Die Kinder spüren, wie wohltuend es sein kann, ein paar Minuten allen Ballast abwerfen und ganz bei sich selbst sein zu dürfen.

Aus den Arbeitsgebieten der Eutonie haben sich hauptsächlich vier Bereiche herauskristallisiert, die sich für die Arbeit mit Kindern eignen (nach Elisabeth Fohrler, Wachsen durch Sinneserfahrungen):
1. Berühren, tasten und kontakten
2. Bewegen, passiv und aktiv
3. Arbeit mit Materialien
4. Arbeit mit Widerstand

Die vier Übungsbereiche werden in einer Eutonie-Einheit zwar meist gemischt. Aber die Vorbereitung wird leichter fallen, wenn der Schwerpunkt jeweils auf einem der vier Grundbereiche liegt. Nach der Beschreibung von sechs Modellübungen sind die weiteren Übungsvorschläge und Varianten deshalb zur besseren Übersicht in diese vier Bereiche unterteilt.

Die Anregungen sind außerdem immer so gestaltet, dass einzelne Teile jederzeit in den Kindergarten- oder Schulalltag mit einbezogen werden können. Es muss keineswegs immer der komplette Ablauf realisiert werden.

Der Raum   Der Raum ist wichtig, um die Kinder in einer wohltuenden Atmosphäre einstimmen zu können. Der Übungseffekt wird erfahrungsgemäß stark mitgetragen von der Umgebung. Die Vorbereitung des Raumes ist deshalb Teil der Eutonie. Trotzdem können natürlich auch in einem Schulzimmer sehr nützliche und sinnvolle Übungen gemacht werden. Für einen umfassenden und dauerhaften Effekt ist allerdings eine andere Örtlichkeit vorzuziehen.

Größe   Die ideale Größe hat der Übungsraum, wenn jedes Kind genug Platz um sich herum hat, um beide Arme und beide Beine im Stehen und im Liegen gut ausstrecken zu können. Auch sollte Platz sein, um im Raum ein paar Schritte umhergehen zu können.

Fußboden   Sowohl Parkett als auch Teppichboden können sinnvoll eingebaut werden:
Auf Parkettboden können die Kinder barfuß einen leichteren Zugang zum Thema Bodenkontakt finden. Man kann Übungen machen, bei denen gerutscht werden soll.
Beim Teppichboden besteht dagegen die Gefahr unerwünschter Rutschübungen nicht und Springen und Hüpfen ist risikoloser.

Möblierung   Möglichst wenig andere Dinge sollten im Raum stehen. Die Gefahr von Verletzungen oder Ablenkung ist dann weniger groß.

Wände   Freie Wandflächen unterstützen die Konzentration. Das Spielzimmer ist deshalb nicht der geeignetste Raum. Regale oder ein Schrank können aber durchaus in die Übungen mit eingebaut werden.

Beleuchtung

Fenster, wenn möglich, ein wenig abdunkeln. Ist das nicht möglich, besser nicht in den Stunden mit dem hellsten Sonnenlicht üben. Auch Neonleuchten nur sparsam einsetzen. Die Kinder sollten sich und die Erzieherin oder Lehrkraft gut sehen können, aber nicht durch zu hartes Licht gestört werden.

Temperatur

Achten Sie darauf, dass der Raum eher warm als kühl ist. Turnhallentemperatur etwa könnte in Ruhephasen als unangenehm empfunden werden.

Störungen von außen

Regelmäßige Geräusche von außen (Straßenbahn, vorbeifahrende Autos) werden in der Regel nicht als störend empfunden. Bei Baulärm oder der Nähe eines Schulhofes ist es ratsam, einen anderen Raum zu wählen. Prinzipiell kann es aber gut sein, das eine oder andere nicht vermeidbare Außengeräusch zu integrieren. Eutonie hat nichts mit strenger Abgeschiedenheit zu tun.

Die Zeit

Die Übungsdauer hängt stark von der Gruppe ab. Anfangs können schon fünf Übungsminuten ausreichend sein. Zwang oder Überforderung sollte unbedingt vermieden werden. Grundsätzlich sind eutonische Übungen auf 30 bis 60 Minuten Dauer angelegt. Die volle Länge sollte man aber nur mit Kindern ausnützen, die kleinere Einheiten schon gut schaffen. Kinder brauchen erfahrungsgemäß kurze Intervalle. Eine Nur-Ruhe-Einheit von 20 Minuten, die bei Erwachsenen die Regel ist, würde Kinder überfordern.
Lassen Sie am Anfang ruhig auch Trubel zu. Wenn Sie merken, dass die Aufmerksamkeit stark absinkt, lenken Sie die Kinder zum Abschlussritual und wiederholen Sie die Übung – eventuell verkürzt – zu einem anderen Zeitpunkt.
Als förderlich für die Einstimmung hat sich erwiesen, wenn Anfang und Ende der Stunde mit einem Klang signalisiert werden: einer Glocke, einem Gong, einem Ton auf der Flöte.

Das Material

Material stimuliert die Haut und kann auf spielerische Weise sehr vielseitig eingesetzt werden.
Das Material kann sich ganz unterschiedlich anfühlen. Softbälle, Kissen, Decken sind weich und warm auf der Haut, Holz, Bambus sind eher kühl und hart, auch die in der Eutonie oft verwendeten Kastanienschläuche und Kirschkernsäckchen sind eher spröde.

Für die Kastanienschläuche werden kleine und große Kastanien (Kindern sammeln sie im Herbst gern selbst) in eine längliche Baumwoll- oder Leinenhülle genäht. Kirschkernsäckchen sind in manchen Gegenden altbekannt als Hausmittel gegen Schmerzen und Verspannungen. Die Kerne werden dafür ebenfalls in ein Säckchen aus Naturmaterialien genäht. In der Eutonie werden sie vielfältig verwendet, zur Massage, zum Spielen oder zum Einüben von Widerstand (Bezugsadressen s. Anhang S. 130).

Grundsätzlich ist es sinnvoll, alles Material, das Sie in einer Einheit verwenden wollen, griffbereit, aber nicht unbedingt für die Kinder sichtbar, bereitzulegen. Naturmaterialien (Holz, Leinen, Baumwolle) sind da, wo es möglich ist, den künstlichen vorzuziehen.

Material zur Einstimmung

Material, das Sie immer bereithalten sollten:
- eine rutschfeste Unterlage für jedes Kind. Bis auf wenige Übungen gehören sie zum Grundaufbau. Legen Sie oder die Kinder die Matten immer so in den Raum, dass alle Kinder Sie sehen können und sich gegenseitig nicht behindern.
- eine Decke, eventuell auch Kissen, jeweils für jedes Kind.
- warme Socken in ausreichender Zahl. Erfahrungsgemäß vergessen immer ein paar Kinder ihre Socken. Vielleicht können Sie für einen kleinen Ausleihvorrat sorgen. In der Ruhe sinkt die Körpertemperatur rasch und kalte Füße können sehr störend sein.

Grundausstattung

Weiteres Material wird wahlweise eingesetzt, je nach Übungsschwerpunkt. Zu den eutonischen Grundmaterialien gehören:
- Tennisbälle, Holzkugeln oder weiche Bälle
- lange und kurze Bambusstöckchen
- Kastanien- oder Kirschkernsäckchen
- Schaumstoff
- runde Holzblöcke

Zusätzliches Material

Der Fantasie sind grundsätzlich keine Grenzen gesetzt. Wunderbar arbeiten kann man auch mit:
- Stoffpuppen

- Wasser
- Sand
- Murmeln
- Watte
- Karton u. v. a. m.

Bewahren Sie das Material möglichst so auf, dass die Kinder nicht vor der Stunde damit zu spielen anfangen.

Die Gruppe

Am sinnvollsten ist es in der Regel, wenn die Gruppengröße sechs bis sieben Kinder nicht überschreitet. Bis zu zwölf Kinder sind aber in einer Gruppe möglich. Doch auch das ist individuell verschiedenen. Wichtig ist: Die Erzieherin oder Lehrkraft sollte alle im Auge haben und wahrnehmen können, was jedes Kind gerade braucht.

Gut ist eine gerade Zahl, damit Partnerübungen möglich sind. Denn die neu gelernte Aufmerksamkeit für sich selbst auf andere ausweiten ist ein Ziel der Eutonie. Übungen mit einem Gegenüber oder Teamwork gehören dazu. Einzellektionen sind deshalb nur für Ausnahmefälle vorgesehen.

Die Kleidung

Zur Vorbereitung gehört es auch, im Vorfeld mit den Kindern beziehungsweise Eltern über richtige Kleidung zu sprechen. Grundsätzlich muss nichts Spezielles getragen werden. Die Kinder können bequeme Alltagskleidung oder einen Jogginganzug tragen. Wichtig ist, dass nichts einengt oder ein unangenehmes Hautgefühl hervorruft (keine Synthetics).

Die Kinder sollten immer warme Füße haben, also zu Beginn Socken tragen. Später, nach dem Aufwärmen, können die Kinder auch barfuß einige Übungen machen. Bei rutschigen Böden ist es ratsam, Söckchen mit gummierter Sohle zu tragen. Schuhe, auch Stoffschuhe, sind nicht optimal, weil sie die Bewegungsfreiheit der Zehen und das Fühl-Vermögen der Fußsohle einschränken. Es gibt Übungen, welche die Kleidung ausdrücklich einbeziehen.

Planungsraster

Für einen Planungsüberblick empfiehlt die Schweizer Eutonie-Pädagogin Elisabeth Fohrler folgendes praktische Raster:

Zeit	Zielvorstellungen	Vorgehensweise/ Ansage	Unterrichtsform	Material
20 min	Konzentrationsfähigkeit verbessern	Bodenspürübung, dann Balanceübung: Material auf den Beinen, den Handrücken etc.	so wenig vormachen wie möglich, kurze Anleitung und Ansage, kleine Gruppe, Kinder mit einbeziehen	Kirschkernsäckchen, Holzstäbchen
10 min	Entspannung	Rückenlage, Augen schließen, Körper durchspüren, Abschluss	kurze leise Ansagen, möglichst mitmachen	Schaumstoffmatratze o. Ä.

Auch hier gilt: Das Raster hilft, aber es sollte nicht einengen. Auch wenn die Ziele und Vorgehensweisen geplant sind, können sich immer wieder Veränderungen durch die Kinder und die persönliche Verfassung von Erzieherin oder Lehrkraft ergeben. Es sollte von Zeitplanung und Vorbereitung her immer möglich sein, auf die Ideen der Kinder einzugehen.

Ausdauer und Stimmungslage der Kinder sind oft schwer vorherzusagen. Man sollte sich deshalb frühzeitig überlegen, wo und wie man die Stunde gut beenden, erweitern oder verändern kann.

Die Sprache

Nicht nur in der Übungsabfolge, auch in der Sprache ist es wichtig, sich auf die Kinder einzustellen. „Quer", „gegenüber", „hintereinander" sind Begriffe, die Kinder oft nicht richtig verstehen. Bei Kindern im Kindergartenalter, manchmal auch darüber hinaus, ist es sinnvoller, Bilder zu gebrauchen:

- Bitten Sie die Kinder „eine große, lange Schlange zu machen" statt ihnen zu sagen: „in einer Reihe aufstellen".
- Auch „rechts" und „links" wird oft nicht verstanden. Zeigen Sie oder noch besser berühren Sie: „diese Seite", „die andere Seite".
- Anders als bei Erwachsenen ist das Vormachen einzelner Übungen bei Kindern am Anfang erlaubt.

- Betasten Sie die Kniekehle eines Kindes, wenn es nicht weiß, was gemeint ist.
- Benutzen Sie Begriffe aus dem Alltag der Kinder: „Mach dich klein wie eine Maus" oder „Verschnüre dich wie ein Päckchen" wird leichter verstanden als „Zieh deine Knie an den Kopf".

Fragen und Ansagen

Fragen und Ansagen sind wesentliche Elemente der Eutonie. Das, was in der einzelnen Übung beobachtet und erlebt wurde, wird mithilfe von Fragen strukturiert. Diese beziehen sich auf bestimmte Körperteile sowie Empfindungen, die innerhalb einer Einheit besonders angesprochen wurden. Sie beschließen deshalb eine Einheit.

Bei sehr kleinen Kindern muss man die Abschnitte kleiner machen und eventuell nach jedem einzelnen Schritt nachfragen. Die Antworten kommen oft prompt. Manche können am Anfang wenig mit den Fragen anfangen, weil sie es verständlicherweise nicht gewöhnt sind, nach der Befindlichkeit ihrer Ferse gefragt zu werden. Bei Kindern kann es deshalb manchmal besser sein, die Fragen als kleine Aufforderungen zu formulieren. Anstatt: „Wie fühlt sich dein Bein an?" sagen Sie dann: „Spüre dein Bein!"

Die Fragen, auch wenn sie kurz sind, haben einen unterstützenden Effekt. Das Erleben der Kinder klärt sich durch die Fragen besser. Die Fragen helfen die Veränderungen am Körper bewusster wahrzunehmen. Verzichten Sie anfangs u. U. auf Antworten, stellen Sie aber trotzdem kurze Fragen und dosieren Sie die Worte sparsam. Oft beginnen die Kinder später von selbst ihre Empfindungen zu äußern.

Beispiele für eutonische Fragen

- Spürt ihr den Tennisball? Fühlt sich die Hand ohne Tennisball anders an als die, die ihn hält?
- Oder als Aufforderung: Spüre den Ball. Fühle deine Hand!
- Tut es gut, die Legosteine anzufassen? Welche berührst du besonders gern? Sind sie kalt oder warm?
- Bei kleinen Kindern reicht es oft, wenn man hin und wieder fragt: Kitzelt das? Tut etwas weh? Drückt etwas?
- Tiefer gehende Fragen können dann sein: Wie fühlt sich der Boden an, auf dem du liegst? Ist die Unterlage weich oder hart? Welcher Teil deines Körpers liegt am schwersten am Boden auf? Spannt etwas?

Die Fragen haben allerdings zu keinem Zeitpunkt Kontrollcharakter. Es sollte keinesfalls der Eindruck einer Beurteilung entstehen oder der Zwang, „etwas empfinden *zu müssen*". Fällt das Beantworten den Kindern zu schwer, ist es besser, die Fragen zunächst wegzulassen. Hier ist das Fingerspitzengefühl der Übungsleitung gefragt.

Übungsdialog Die Kinder stehen erst auf dem Boden und danach auf Kastaniensäckchen. Der Dialog zwischen Übungsleiter/-in und Kindern könnte sich so anhören:

„Worauf stehen deine Füße?" – „Auf dem Fußboden."
„Ist der Fußboden warm oder kalt?" – „Ganz kalt."
„Ist er aus Holz oder aus Stein?" – „Holz."
„Fühlst du den Boden mit deinen beiden Füßen gleich?" „Ja." „Nein, nur einen."
Die Antworten kommen natürlich oft gleichzeitig und ungeordnet. Die Leitung wiederholt sie dann eventuell langsam. Die Kinder fangen entweder von selbst an, auf den vor ihnen liegenden Kastaniensäckchen zu stehen oder die Leitung fordert dazu auf und wartet, bis ein bisschen Ruhe eingekehrt ist. Dann folgen weitere Fragen:
„Tut es weh oder kitzelt es, wenn du auf den Kastanien stehst?" „Es stichelt."
„Es pikst." „Es tut weh."
„Stehst du auf wenigen oder vielen Kastanien?" – „Auf vielen."
„Wie fühlen sie sich an?" – „Sie sind rund." „Sie sind hart." „Sie stechen."
„Sind alle Kastanien gleich groß?" – „Nein, da sind auch ganz kleine und ganz große."
„Wo piksen sie dich am meisten?" – „In der Mitte." „An den Zehen." „Unter meinem großen Zeh."
„Kannst du immer noch den Fußboden fühlen?" – „Nein."
„Schaukle jetzt mal nach vorn und nach hinten. Was passiert jetzt mit deinen Füßen?" – „Es kitzelt überall." „Meine Füße werden warm."
Die Kinder gehen jetzt von den Säckchen herunter.
„Wie fühlt sich jetzt der Boden an?" – „Er ist warm."
„Wie fühlen sich deine Fußsohlen an?" – „Sie sind weich und warm." „Ich stehe fester."
(Nach Jenny Windels, Eutonie mit Kindern, S. 64 f.)

Ansagen

Ansagen werden in der Eutonie die Anleitungen zu den einzelnen Bewegungsabfolgen genannt, also: „Wir legen uns auf den Rücken." – „Wir drehen uns auf die Seite."– „Wir strecken unsere Zehen nach vorne." usw. Weil sie immer nur Impulse sind, die individuell ausgelegt werden dürfen, sind es Aufforderungen, keine Kommandos.

Die Ansagen geschehen idealerweise in ruhigem Ton, kurzen Sätzen und in kindgemäßer Sprache. Ein gemächlicher Sprachrhythmus der Sprache wird von den Kindern oft sehr positiv aufgenommen und kann schon wesentlich zur Entspannung beitragen. „Wir ziehen die Schuhe aus" kann sehr bestimmt klingen oder wie eine Bitte. Versuchen Sie einen weichen, aber klaren Sprachrhythmus zu finden.

Bei Kindern ist es gut, die Ansage durch das eigene Ausführen zu unterstützen. Ein direkter Zusammenhang: Vormachen–Nachmachen sollte allerdings vermieden werden.

Kinder möchten oft gerne selbst die Ansagen machen. Wenn die Kinder schon ein wenig Übung haben, spricht nichts dagegen, auch eines der Kinder einmal ansagen zu lassen.

Wie bei den Fragen ist es ratsam, die Sprache den Kindern anzupassen:
- Statt „Wir stehen jetzt in einer Reihe" sagen Sie konkret: „Anja steht hinter Patrick und Patrick hinter Markus", oder weisen die Plätze direkt zu.
- Statt: „Wir legen uns jetzt hin, um unsere Schulter auf dem Boden zu spüren", sagen Sie: „Wir legen uns hin. Wir spüren unsere Schulter auf dem Boden liegen."

Sowohl bei Fragen als auch bei Ansagen sollten Sie in der Nähe der Kinder sitzen oder stehen, in der Regel auf Ihrer eigenen Matte. Wenn Sie zu weit weg stehen, müssen Sie zu laut sprechen. Sie sollten so plaziert sein, dass Sie jederzeit mitmachen oder vormachen können, aber sich auch ein bisschen zurückziehen können, um die Kinder und ihren Status zu beobachten.

Den Körper kennen lernen

Natürlich wissen Kinder in Kindergarten oder Grundschule nicht genau, wo ihr Lendenwirbel liegt oder ihre Achillesferse. (Manche Erwachsene übrigens auch nicht!) Dennoch sollten die Kinder sagen können, wo Fußsohle und Fußrücken sind, wo die Ferse ist und wo der Bauch. Sie sollten eine Rolle vorwärts machen können oder auf einem Bein stehen. Manche müssen das in der Eutonie erst einüben. Das Körpergefühl entfaltet sich dann langsam.

Je nach Vorkenntnis und Altersgrad der Kinder ist es nützlich, vor der eutonischen Lektion einzelne Körperteile grob anzusprechen und so kennen zu lernen. Bei größeren Kindern, etwa ab acht Jahren, kann sogar schon ein Skelett gezeigt werden. Wie unsere Nackenwirbel mit dem gesamten Rückgrat zusammenhängen kann daran deutlich werden, oder wie viel Druck auf den Fersen lastet.

Bei kleineren Kindern reicht es, wenn ein paar wenige Körperteile durchgegangen werden.

Sie können dabei beispielsweise so vorgehen:
- „Wo sind deine beiden kleinen Zehen?"
- „Bewege sie. Und jetzt bewege den großen." (Berühren Sie die Zehen, wenn das Kind Schwierigkeiten mit dem Fühlen hat.)
- „Was macht dein Ellbogen? Wo ist er? Hebe beide Ellbogen hoch."
- „Weißt du, wo dein Nacken ist? Zeichne mit deinen Fingern eine Kette vom Hals zum Nacken."
- „Und jetzt drehe dich vom Rücken auf den Bauch. Spürst du den Ort, wo dein Bauchnabel liegt?"

Die Füße sind ein zentraler Körperteil in der Eutonie. Um die oft vernachlässigte Fußregion, ihre Form und Aufgabe für die Kinder bewusst zu machen, gibt es eine anschauliche Methode:
- Die Kinder cremen ihre Fußsohlen ein, mit Vaseline oder anderer Fettcreme. Dann dürfen die Kinder ein dunkles Tonpapier betreten. Eines wird unter den linken Fuß gelegt, ein anderes unter den rechten. Die Umrisse des Fußes sind gut zu erkennen, ebenso die Stellen, an denen der Fuß den Boden berührt. Bewahren Sie, wenn möglich, die Fußabdrucke auf. Sie können bei den Fußbewusstseinsübungen immer wieder eingesetzt werden.
- Eine andere Methode: Sie können den Kindern auch einen Stift in die Hand geben: Sie umranden dann die Zehen und die Fußränder auf einem Papier.
- Um die Füße gut kennen zu lernen: Bitten Sie die Kinder ihre Füße einmal rundum zu beklopfen. Anfangen sollten sie beim rechten Fuß. Dann die einzelnen Zehen klopfen, die Fußsohle beklopfen, die Ferse darf etwas härter beklopft werden.

Diese Vorübungen haben schon eine starke eutonische Kraft. Das Bewusstsein ist ein spannungslösendes Element: Allein die Tatsache, dass sich die Kinder einmal Gedanken über ihre Fußsohle gemacht haben, kann schon Spannungsausgleich und Beruhigung bewirken.

Das Ziel dieser Benenn-Übungen soll zunächst sein, die Kinder in die Lage zu versetzen, Ihren kleinen Ansagen wie: „Schüttle Deine Ferse aus", „Lege die Wade auf die Matte", „Lege ein Säckchen auf deinen Bauch" etc. folgen zu können.

Für Kinder wie auch Erwachsene ist das Entwickeln eines immer gleichen Rituals zu Beginn der Eutonie-Stunde sehr hilfreich. Die immer wiederkehrenden Signale versetzen die Kinder in eine Haltung aufmerksamer Erwartung. Je nach örtlichen und zeitlichen Möglichkeiten können Sie für sich selbst und Ihre Gruppe solche kleinen Anfangsrituale entwickeln. **Rituale**
In einer sehr unruhigen Gruppe kann für den Anfang zusätzlich ein Lied förderlich sein oder ein kleiner rhythmischer Tanz.

- Fordern Sie die Kinder zum gemeinsames Schuhe ausziehen auf, machen Sie auch das Überstreifen der Söckchen gemeinsam.
- Sie begrüßen die Kinder und die Kinder sich gegenseitig. Oder: Begrüßungskreis – alle halten sich an den Händen und begrüßen sich gleichzeitig.
- Bitten Sie die Kinder, sich jetzt auf die – vorbereiteten – Matten zu setzen (bei kleinen Kindern wird es eventuell zu lebhaft, wenn sie selbst die Matten auflegen). Vielleicht Flötenton oder Gong einsetzen.

Begrüßungsrituale

Auch der Abschluss sollte durch einen immer gleichen Ablauf die Kinder wieder hinausführen aus der Übungseinheit. Zum Beispiel so:
- Kinder ein paar Mal tief durchatmen lassen.
- Mit großen Schritten einmal um die Matte herumgehen.
- Ein paar Sekunden im Stehen mit dem Kopf nach unten durchhängen.
- Abschiedsformel; eventuell Flötenton oder Gong.

Abschlussrituale

Wie kann man Kindern Eutonie erklären?

Bei der Arbeit mit Kindern sind eingehende Erklärungen nicht nötig und auch nicht sinnvoll. Die Kinder wollen meist viel lieber selbst etwas tun als zuhören – und im Vordergrund soll die Wahrnehmung stehen, keine theoretische Zielorientierung.

Einige eutonische Grundgedanken können Sie Ihren Kindern, je nach Entwicklungsstand, jedoch durchaus mitteilen, wenn Sie wollen:

- dass man in der Eutonie etwas tut, mit dem Körper, mit Materialien, was ihnen gut tun soll,
- dass es kein richtig und falsch gibt – nur vielleicht mangelnde Konzentration,
- dass es in der Eutonie unter anderem auch um Lockerlassen geht, aber nicht ums Einschlafen bei der Übung,
- dass niemand Eutonie besser oder weniger gut kann; denn es ist immer gerade so richtig, wie man es kann,
- Sie können auch sagen, dass jemand, der laut ist oder andere boxt, die anderen an ihrer Übung hindert und deshalb vielleicht nicht mitmachen kann.

Bei ganz kleinen Kindern kann es zunächst genügen, wenn Sie sie zur Einstimmung neugierig machen mit dem Beispiel vom Musiker, der sein Instrument in einer Tasche trägt. Sagen Sie etwa: „Der Musiker pflegt sein Instrument und achtet gut darauf, damit es später gut klingt. Jeder von euch hat sein Instrument immer dabei: seinen Körper. Jedesmal, wenn ihr Zehen oder Hände bewegt, stimmt und pflegt ihr euer Instrument. Jetzt schauen wir mal, wie das Üben mit unserem Instrument aussehen kann."

3. Kleine Ideen für den Anfang

Es gibt Eutonie-Einheiten für Erwachsene, die auf die Dauer von eineinhalb Stunden angelegt sind. Es gibt aber auch kleine Übungen – für Kinder oder für Erwachsene –, die nur ein paar Minuten lang sind. Wahrnehmungsfördernde Eutonie ist die, die intensiv, bewusst und aufmerksam ausgeführt wird. Das kann die lange Einheit sein, das ist oft aber gerade die kleine eutonische Idee zwischendurch, im Alltag und ohne große Vorbereitung.

Für die Arbeit mit Kinder ist es sicher der leichtere Einstieg, wenn sie zunächst die Eutonie in kurzen, auch spielerischen Einheiten kennen lernen und nicht das Gefühl bekommen: Auweia, Eutonie, das heißt, wir müssen wieder lange still liegen. Zehn Minuten dabei zu bleiben ist für Kinder schon eine Menge.

Viele grundsätzliche Prozesse der Eutonie werden gerade durch kleine Einheiten transportiert; die Kinder lernen dabei:
- einen guten Kontakt mit dem Boden,
- Annäherung an ein möglichst genaues Körperbild,
- Reaktionen des eigenen Körpers zu registrieren,
- eigene Empfindungen zu ordnen und formulieren,
- Meinungen von anderen zu hören und zu akzeptieren.

Die kleinen Übungseinheiten werden hier so vorgestellt, dass die einfacheren am Anfang und die anspruchsvolleren oder die mit mehr vorzubereitendem Material erst gegen Ende stehen. Grundsätzlich können die Übungen aber in beliebiger Reihenfolge angewandt werden.
Machen Sie selbst am besten so weit wie möglich mit, weil die Kinder Sie üblicherweise genau beobachten. Wenn Sie passiv bleiben, könnten die Kinder das Gefühl haben, sie werden kontrolliert.

Vorschlag 1: ✗
Augen auf

- Die Kinder suchen sich eine bequeme Position, im Stehen oder Sitzen. Dann legen sie beide Hände vorsichtig auf die Augenlider. Die Berührung soll ganz leicht sein, wie eine Feder, die sich auf den Augen niederlässt. Ganz langsam und sanft wird dann die Berührung auf das Auge verstärkt.
- Fragen Sie die Kinder, was sie jetzt spüren. Wärme? Druck? Kann man Farben sehen oder nur Dunkelheit?
- Dann werden die Hände weggenommen. Die Augen bleiben geschlossen. Machen Sie die Kinder darauf aufmerksam, ob jetzt alles heller ist, obwohl die Augen noch zu sind.
- Jetzt machen die Kinder die Augen auf. Das Licht flutet in die Augen.
- Weil es erfahrungsgemäß eine Weile dauert, bis die Kinder es schaffen, die Augen wirklich geschlossen zu halten, wiederholen Sie die Übung ruhig zwei-, dreimal.

**Vorschlag 2:
Ohren auf**

Kinder empfinden Geräusche oft noch nicht in dem Maße als störend, wie das Erwachsene tun. Auch Erwachsene können lernen Geräusche so zu akzeptieren, dass sie nicht mehr so stark stören. Denn Abwehr bedingt zusätzliche Spannung. Kindern tut es gut, einmal bewusst auf die Geräuschkulisse ihrer Umgebung zu achten:

- Die Kinder stehen ruhig, in entspannter Haltung.
- Dann zählen sie auf, welche Geräusche sie wahrnehmen.
- Verändern Sie die Geräuschkulisse: Rascheln Sie etwa mit Zeitungspapier, spielen Sie einen Flötenton, zupfen Sie eine Gitarrenseite, klopfen Sie gegen die Tür, schütteln Sie eine Rassel. Fragen Sie die Kinder zwischendurch, welches Geräusch sie als angenehm oder als unangenehm empfinden.
- Variieren Sie die Lautstärke. Fragen Sie: Wie viel Geräusch tut noch gut? Was tut den Ohren weh?
- Zum Schluss versuchen Sie möglichst viele Geräusche im Raum auszuschalten. Die Kinder bleiben eine kurze Zeit so stehen. Dann erzählen sie, wie sie das empfunden haben, angenehm oder unangenehm.

**Vorschlag 3:
Augen zu**

- Die Kinder stehen im Kreis. Bitten Sie sie, den Raum um sie her genau anzuschauen.
- Dann gehen die Kinder ein paar Schritte durch den Raum, und zwar durcheinander.
- Dann schließen alle die Augen und gehen wieder durch den Raum, ganz langsam. Alle versuchen nirgendwo anzustoßen und auch kein anderes Kind zu berühren.
- Nehmen Sie abwechselnd ein Kind ein paar Schritte lang an der Hand und führen Sie es. Dann wieder loslassen.
- Fragen Sie eventuell zum Schluss, wie das war, allein zu gehen, und wie es war, geführt zu werden. Achten Sie darauf, dass die Fragen strukturierenden und keine kontrollierenden Charakter haben. Lassen Sie sie weg, wenn die Kinder nicht gut darauf reagieren und versuchen Sie es lieber später wieder.

Variante: Die Kinder bekommen die Augen verbunden (besser nicht gleichzeitig, sondern eines nach dem anderen) und gehen über eine Linie, die sie fühlen können: Seil, Stöckchen o.Ä.

- Die Kinder stehen locker im Kreis, sehen sich den Raum gut an.
- Dann schließen sie die Augen und bleiben zunächst so stehen.
- Nach einer kleinen Weile schlagen Sie einen Gong o. Ä. Die Kinder bewegen sich mit geschlossenen Augen in die Richtung des Klanges.
- Fragen Sie danach, ob es schwierig war, den Gong zu hören. Ob die Kinder den Gong mit beiden Ohren gleichzeitig gehört haben?
- Wiederholen Sie das Schlagen – so lange die Kinder Spaß daran haben.

Vorschlag 4: Augen zu und Ohren auf

- Die Kinder rollen sich ganz klein zusammen.
- Dann kugeln sie durch den Raum – so lange, bis sie an einen Widerstand stoßen (die Wand, ein Stuhl, Spielzeug).
- Sie versuchen weiter dagegen zu drücken.
- Sie stehen schließlich auf und gehen zu ihrem Ausgangspunkt zurück. Wiederholen.

Vorschlag 5: Durch den Raum kugeln

- Die Kinder gehen oder rennen durch den Raum.
- Dann machen Sie eine Ansage, zum Beispiel: „Alle gehen rückwärts."
- Die Kinder befolgen das allerdings nur, wenn Sie vorher das Zauberwort *„Rumpeldidei"* gesagt haben.
  Also: „Rumpeldidei – wir schleichen auf dem Bauch durch den Dschungel!" – Die Kinder schleichen. Sie sagen: „Wir machen einen Purzelbaum!" – Die Kinder befolgen die Ansage nicht, weil das Zauberwort gefehlt hat.

Vorschlag 6: Das Zauberwort

- Die Kinder sitzen auf dem Boden oder auf einer Matte, die Knie sind angezogen, die Fußsohlen auf dem Boden. Die Erzieherin oder Lehrkraft macht am besten mit, versuchen Sie aber trotzdem, die Kinder im Auge zu behalten.
- Die Kinder lassen nun die Füße ganz langsam nach vorne rutschen, die Füße bewegen sich ohne Ruck, als ob sie auf einer Eisfläche gleiten. Am Schluss liegen die Beine ausgestreckt da, die Kinder legen sich auf den Rücken.
- Jetzt werden die Füße ganz langsam und gleichmäßig gleitend wieder an den Körper herangezogen – nicht ruckend, die Füße sind ja auf einer glatten Eisfläche! Die Fersen sind jetzt kurz vor dem Po.
- Dann gleiten die Füße wieder zurück. Wiederholen Sie die Übung mit den Kindern ein paarmal.

Vorschlag 7: Schlittschuh

Vorschlag 8:
Fußmalerei I

- Die Kinder stehen frei im Raum. Der Boden sollte, wenn möglich, rutschig sein und die Kinder sollten keine Schuhe anhaben.
- Die Kinder versuchen zunächst im Stehen mit den Zehenspitzen etwas zu malen: ein Haus, ein Tier, die Oma. Wichtig ist, dass die Kinder großzügige „Pinselstriche" machen.
- Lassen Sie sich die Werke beschreiben.
- Dann: Die Kinder „malen" mit der Ferse. Mit dem Ellbogen …

Vorschlag 9:
Fußmalerei II

- Die Kinder sitzen auf dem Boden, alle haben ein Stück Papier oder einen Karton vor sich und einen Farbstift.
- Jeder umfährt jetzt auf dem Papier seine Füße, erst den rechten (bei kleinen Kindern zeigen!), dann den linken.
- Dann eventuell: ohne Modell die eigenen Füße malen.

Variante: Um die Fußunterseite sichtbar zu machen, gibt es eine ganz einfache Methode: Die Kinder cremen ihre Füße mit einer Fettcreme ein (Vaseline, Handcreme). Sie stellen sie dann auf ein Stück Papier oder Karton und haben einen wunderbaren Abdruck.

Tipp: Bewahren Sie solche Werke wie diesen Abdruck möglichst auf, denn Fußarbeit spielt eine große Rolle in der Eutonie. Es kann sehr interessant sein, die Fußbilder vom Anfang mit denen nach einigen Eutonie-Stunden zu vergleichen.

Vorschlag 10:
Fuß-
Achterbahn

- Die Kinder sitzen im Kreis auf ihrer Unterlage.
- Jeder fährt jetzt mit seinen Fingern auf der Fußsohle Achterbahn. Erst auf dem rechten Fuß (eventuell zeigen!), dann auf dem linken.
- Nun fährt jeder am Rand der Fußsohle entlang und drückt so tief ein wie ein Traktor auf dem Feld.
- Dann werden die einzelnen Zehen wie ein Stift zwischen zwei Finger genommen und gerieben.
- Danach eventuell noch mit dem Daumen die Ferse bearbeiten.

Tipp: Achten Sie auf das Ausdauerpotential ihrer Gruppe. Die Kinder brauchen kurze Intervalle, und stets ist eine kurze, intensive Übung einer langen, die die Kinder überfordert, vorzuziehen.

Vorschlag 11: Füße klopfen

- Die Kinder sitzen im Kreis, auf Kissen oder auf einer Matte. Sie sollten alle die Erzieherin oder Lehrkraft gut sehen können. Mitmachen der Übungsleitung ist empfehlenswert.
- Mit den Händen werden die Füße abgeklopft, rechts beginnen (bei ganz kleinen Kindern die Stellen zeigen oder vorführen): Ferse, Wölbung, Ballen. Dann die Zehen, am besten alle einzeln, und dann der Fußrücken.
- Wenn es das Übungsstadium der Gruppe erlaubt und die Kinder an diesem Tage nicht zu turbulent aufgelegt sind, kann die Fußarbeit weiter intensiviert werden. Die Füße werden erst rechts, dann links mit einem Bambusstäbchen abgeklopft: Ferse, Wölbung, Ballen. Zehen und Fußrücken werden dabei ausgelassen!
- Fragen Sie, ob sich die Füße nach dem Abklopfen anders anfühlen. Sind sie wärmer geworden oder weicher? Was hat mehr Spaß gemacht: mit der Hand oder mit dem Stäbchen? Welche Stellen spürst du jetzt noch besonders?

Vorschlag 12: Hindernisse spüren

- Legen Sie verschiedene Materialien (Legosteine, Holzstäbe, Bambusstäbchen, Spielreifen, Bauklötze, Kissen, Bleistifte u.Ä.) auf den Boden, möglichst im ganzen Raum verstreut.
- Die Kinder dürfen darüber gehen, springen, krabbeln. Das Material soll nicht berührt werden.
- Nach ein paar Minuten: Die Kinder berühren das Material mit den Füßen, rollen es oder versuchen sogar fest darauf zu stehen.
- Wer kann, hebt das eine oder andere Material mit seinen Füßen hoch.

Variante: Material mit den Händen erkunden
- Die Kinder suchen sich verschiedenes Material zusammen und legen es vor sich auf den Boden.
- Sie setzen sich hin und ertasten das Material und seine Oberfläche vorsichtig. Fragen Sie: Welches fasst du gern an? Welches nicht so gern? Welches ist kalt? Hart?
- Die Materialien werden jetzt nacheinander fest gedrückt.

Tipp: Wird eine Übung zu turbulent, kann man die Tast-Übung mit geschlossenen Augen versuchen. Die Kinder werden dadurch meist etwas ruhiger.

**Vorschlag 13:
Wie groß ist
mein Körper
eigentlich?**

- Legen Sie verschiedene flache Materialien auf den Boden: Stoffreste, Teppichreste, kleine und große Kissen, Decken, Karton, Papier.
- Die Kinder legen sich auf die Materialien mit genau dem Körperteil, der darauf passt: Auf ein kleines Stück Karton passt vielleicht nur die Hand oder der Ellbogen. Auf ein Kissen passt der Po oder der Bauch. Auf die Decke passt der ganze Körper, sei auf dem Bauch oder auf dem Rücken …

**Vorschlag 14:
Das Körperbild
legen**

- Die Kinder gehen zu zweit zusammen. Der Raum sollte ausreichend Platz bieten.
- Ein Kind legt sich auf den Boden, das andere legt ein Seil oder eine Schnur rund um das liegende Kind, sodass am Schluss der Körper vom Seil ganz und gar umrahmt ist.
- Die Liegenden stehen vorsichtig auf und alle zusammen beobachten den Umriss.
- Die Kinder wechseln so, dass die Seilbilder von der ersten Runde liegen bleiben können. Das vorher aktive Kind darf jetzt liegen und bekommt seinen Umriss gelegt.
- Danach folgt wiederum eine kurze „Besprechung".

**Vorschlag 15:
Intensives
Strecken**

Eutonisches Strecken macht wach und hilft den Körper besser kennen zu lernen. Es bedeutet auch, neue Körperzonen zu entdecken, die noch nicht aufgewacht sind. Das Räkeln und Dehnen kann man gut zu Beginn jeder Eutonie-Einheit oder zwischendurch immer wieder zum Aktivieren des Kreislaufs einsetzen.

- Die Kinder liegen in Rückenlage auf ihren Matten, im Kreis oder durcheinander. Sie sollten die Erzieherin oder Lehrkraft, die auch mitmacht, jedenfalls gut sehen können. Für die Kinder macht das die Übungen meist leichter.
- Die Kinder strecken zunächst ihre Finger, bis in die Fingerspitzen sollen sie gedehnt werden.
- Es folgen die Zehen: Sie werden nach vorn gestreckt, so weit es möglich ist. Dann werden die Fersen nach vorn geschoben.
- Dann wird der restliche Körper mit Armen und Beinen gedehnt. Gähnen ist jederzeit erlaubt.

Variation: Strecken in Bauchlage, in Seitenlage.

Tipp: Die Geduld der Kleinen ist bei ruhigen Übungen begrenzt. Das Strecken intensiv und kurz auszuführen ist sinnvoller als eine lange Übung, bei der sich manche Kinder langweilen.

Vorschlag 16: Muschel oder Blume

Diese Übung ist zwar kurz, aber sie hat es in sich. Das langsame Entrollen trainiert und verlangt Konzentration und Koordination. Üben Sie deshalb öfter und in kurzen Intervallen.
- Die Kinder liegen ganz klein zusammengerollt auf dem Boden oder auf einer Matte.
- Wie eine Muschel oder eine Blume am Morgen gehen sie langsam auf, entfalten sich Zentimeter für Zentimeter, bis sie gestreckt daliegen.

Vorschlag 17: Die Spür-Übung

Die Spür-Übung ist eine der grundsätzlichen Eingangsübungen für eutonische Einheiten, aber für Kinder setzt sie schon ein bisschen Ruhevermögen voraus. Sie schult das Gefühl für das Liegen auf der Unterlage und für Veränderungen im eigenen Körper. Bei Erwachsenen kann sie durchaus zwanzig Minuten dauern, bei Kindern liegt dagegen in der Kürze die Würze. Mehr als fünf Minuten sollte sie nicht dauern, für den Anfang werden oft sogar zwei Minuten schon ausreichend sein.
- Die Kinder liegen auf der Matte, zunächst auf der Seite.
- Sprechen Sie verschiedene Punkte an, die in dieser Lage die Unterlage berühren, etwa: die Wange, der Arm, das Knie, ein Zeh. Fragen Sie, wie sich das Liegen auf diesen Körperteilen anfühlt. Angenehm? Unangenehm? Was liegt schwer auf? Was leicht?
Erwarten Sie nicht unbedingt Antworten. Die Kinder registrieren aber sicher die Fragen und konzentrieren sich so besser auf die Wahrnehmung ihres Körpers.
- Die Kinder drehen sich nun alle auf den Rücken. Die Arme liegen locker rechts und links vom Rumpf. Jetzt werden der Reihe nach bedacht, also angesprochen: der Hinterkopf, die Schultern, der Po, die Ferse. Machen Sie eventuell darauf aufmerksam, dass einige Muskeln verspannt sein können. Das macht sich durch ein unangenehmes Ziehen bemerkbar.
- Die Kinder schütteln dann die Beine in der Luft durch.
- Spüren Sie jetzt noch einmal mit den Kindern durch. Was ist anders?

Tipp: Wenn Kinder Schwierigkeiten haben, ein bestimmtes Körperteil zu spüren, dann gehen Sie hin und berühren Sie den betreffenden Bereich, eventuell mit einem Ball. Leichter Druck, sanfte Berührung oder der Reiz über das Material erleichtert es den Kindern, die einzelnen Bereiche wahrzunehmen und voneinander zu unterscheiden.

Vorschlag 18: Zehenspiele

- Die Kinder sitzen auf ihrer Unterlage und bewegen ihre Zehen nach Herzenslust. Nach oben, nach unten, auseinander spreizen ... Wer kann einzelne Zehen bewegen?
- Fragen Sie nach einer Weile, wie sich die Fußsohle anfühlt. Ist sie warm geworden? Weich?
- Die Kinder gehen zu zweit zusammen und einer bewegt die Zehen des anderen. Das passive Kind darf sagen, welcher Zeh bewegt werden soll.

Vorschlag 19: Schaukeln

Zu dieser Übung brauchen Sie eine Wolldecke:
- Ein Kind legt sich auf die Decke.
- Die anderen Kinder inklusive Erzieherin oder Lehrkraft fassen den Rand der Decke und schaukeln das Kind vorsichtig hin und her. Es erlebt so Berührung und Bewegung. Durchwechseln.

Variante: Schaukeln in Seitenlage, in Rückenlage.

Vorschlag 20: Massage (mit Soft- oder Tennisbällen)

Die Kinder haben manchmal Scheu sich gegenseitig zu berühren. Mit Material (Ball oder Kirschkernsäckchen) fällt da der Anfang meist leichter.
- Ein Kind liegt in Bauchlage auf dem Boden oder auf einer Matte.
- Zwei andere rollen es jeweils mit einem Softball ab.
- Die beiden Kinder sagen an, welche Bereiche an die Reihe kommen: Der Rücken. Die Arme. Die Handinnenflächen. Die Beine. Die Fußsohlen ...
- Das liegende Kind darf sich wünschen, wo es noch abgerollt werden möchte.

Variante:

- Die Kinder stehen. Sie legen unter einen Fuß einen kleinen, harten Ball und verlagern ihr Gewicht darauf.
- Sie rollen ihn etwas hin und her.

- Dann den Ball weglegen. Ohne Hindernis dastehen, die Fußsohle spüren. Fuß wechseln.

Vorschlag 21: Massage (mit Kirschkernsäckchen)

- Die Kinder sitzen im Kreis auf ihrer Matte, die Erzieherin oder Lehrkraft gibt jedem zweiten ein Kirschkernsäckchen.
- Die Kinder ohne Material gehen zu einem Kind mit Säckchen. Das Kind mit dem Säckchen massiert nun dem anderen Kind durch Hin- und Herfahren den Rücken, die Arme, die Beine. Achten Sie vor allem bei den ersten Malen darauf, dass die Kinder nicht zu fest aufdrücken.
- Wechsel. Machen Sie die Übung eventuell vor, wenn die Kinder unsicher sind.
- Fragen Sie, ob die berührten Stellen sich anders anfühlen als die nicht berührten. Sind sie wärmer, kälter als die anderen? Fühlst du die nicht berührten Stellen größer oder kleiner als die anderen?
  Machen Sie die Kinder darauf aufmerksam, dass der Rücken nicht nur aus Wirbelsäule, sondern auch aus seitlichen Rundungen, den Rippen, den Schultern besteht.

Tipp: Besonders am Anfang kann eine Begrenzung gut sein. Vielleicht massieren sich die Kinder die ersten Male nur den Rücken. Dann nur die Arme. Oder nur die Füße.

Vorschlag 22: Afrikanische Wasserträger (mit Kirschkernsäckchen)

- Stellen Sie in die Mitte des Raumes einen Korb oder eine Kiste mit Kirschkernsäckchen. Die Kinder bilden – im Stehen oder im Sitzen – einen Kreis darum.
- Legen Sie jedem Kind ein Säckchen auf den Kopf. Die Kinder gehen ein paar Schritte damit umher.
- Dann darf jedes Kind der Reihe nach sein Säckchen abnehmen und wieder in den Korb werfen und zu seinem Platz zurückgehen.
- Vertiefende Fragen: Wie fühlt sich das Säckchen an? Ist es schwer, leicht? Wo ist es angenehm zu spüren, wo eher unangenehm? Fühlst du deinen Kopf besser mit oder ohne Säckchen?

Variante 1: Weil es hier lebhaft zugehen kann, nur durchführen, wenn die Grundübung im Ablauf klar ist, und bei nicht allzu ausgelassenen Gruppen.

- Jedes Kind nimmt selbst ein Säckchen heraus und legt es dem Nachbarn auf den Kopf.
- Dann gehen alle ein paar Schritte durch den Raum.
- Nach einer Weile dürfen die Kinder sich gegenseitig das beschwerende Säckchen wieder abnehmen und nacheinander wieder in die Mitte zurückwerfen.
- Dann ein paar Schritte durch den Raum ohne Ballast gehen.

Variante 2: Das Säckchen wird auf die Schulter gelegt und in die Mitte zurückgeworfen.
Variante 3: Das Säckchen wird auf die Zehen gelegt.
Variante 4: Das Säckchen wird im Liegen auf den Bauch gelegt.

Vorschlag 23: Kastanien kicken
- Jedes Kind bekommt ein Kastaniensäckchen oder ähnliches Material.
- Die Säckchen werden durch den Raum gekickt: Mit der großen Zehe. Mit der Ferse. Mit verschiedenen Zehen. Mit dem Knie. Mit dem Ellbogen. Greifen Sie auch Ideen der Kinder auf.

Vorschlag 24: Kastanien treten
- Legen Sie je ein Kastaniensäckchen auf den Boden vor die Kinder nieder.
- Die Kinder treten auf die Kastaniensäckchen am Boden, kneten und bearbeiten mit ihren Füßen das Säckchen. Dieses Spüren am besten barfuß trainieren. Fragen Sie, wie sich das anfühlt, ob es weh tut oder kitzelt.
- Lassen Sie Unruhe eine begrenzte Zeit zu, dann sollen die Kinder ein paar Schritte durch den Raum gehen. Am besten geben Sie ein Ziel vor.
- Dann zurück zur Matte gehen. Fragen Sie die Kinder: Wie fühlt sich die Fußsohle jetzt an? Rollst du deinen Fuß jetzt anders ab? Spürst du den Untergrund jetzt anders? Fühlt sich dein Fuß leichter oder schwerer an?

Vorschlag 25: Hindernis-Liegen (mit Tennisball)
- Die Kinder sitzen auf der Matte oder einer anderen Unterlage. Sie bekommen je einen Tennisball.
- Die Kinder legen sich hin und schieben den Tennisball unter ihren rechten Oberschenkel. Machen Sie die Übung mit oder zeigen Sie den Kindern die ersten Male, wo der Oberschenkel ist.
- Fragen Sie, wie sich das anfühlt. Tut es weh? Drückt es nur? Kann ich schlechter atmen? Was passiert, wenn ich mich ein bisschen bewege?

- Die Kinder verschieben den Ball ein wenig. Was passiert jetzt? Wie fühlt sich die Stelle an, wo der Ball vorher lag?
- Der Ball wird auf die Seite gelegt. Die Beine liegen wieder ohne Hindernis da. Fragen Sie, ob sich das Bein jetzt anders anfühlt. Angenehm? Unangenehm? Wie fühlt sich die Unterlage an? Fühle ich sie jetzt deutlicher?
- Wechsel zum anderen Oberschenkel.

Variante: Der Tennisball wird unter die Waden, die Schultern, den Po gelegt.

Vorschlag 26: Ton spüren

- Jedes Kind bekommt eine Kugel aus Plastilin oder Ton.
- Fragen Sie, wie das Material sich anfühlt. Glatt? Kalt? Warm?
- Dann drückt jedes Kind mit jedem Finger eine Delle in die Oberfläche.
- Fragen Sie: Mit welchem Finger ging es am besten? Welcher machte die meisten Schwierigkeiten?
- Wenn die Kinder wollen, lassen Sie sie ihren Körper aus der Tonkugel formen. Bewahren Sie die Werke nach Möglichkeit auf und wiederholen Sie die Ton-Modellage öfters. Nach einigem Eutonie-Training verändern sich die modellierten Formen deutlich. Sie werden meist runder und harmonischer.

Vorschlag 27: Die Katzenübung

- Die Kinder liegen auf der Matte, sie spüren nach, wo sie fest aufliegen.
- Die Erzieherin oder Lehrkraft benennt und fragt nach den Körperteilen, die den Boden berühren (Kopf, Arme, Po, Füße).
- Alle bewegen sich wie eine Katze nach einer langen Ruhepause: blinzeln, räkeln, strecken.
- Dann gehen alle in den Vierfüßlerstand und machen einen schönen Katzenbuckel.

Variante: Ein Kind macht eine Katze vor und alle wiederholen es. Regen Sie die Kinder an eine Katze zu beobachten.

4. Einstiegsübungen – sechs Modelle

„Diese Dinge liegen mir besonders am Herzen, wenn mit Kindern eutonisch gearbeitet wird: Ein Kind lernen lassen, zu sich selbst zu stehen, ihm helfen, ein gesundes Selbstvertrauen zu entwickeln, und schließlich jedes so sein lassen, wie es ist."

(Roswith Tauber, Eutoniepädagogin in Zürich)

Keine Angst vor großen Übungen: Die Modelle sind Vorschläge für eine komplette Einheit. Wenn Sie Eutonie an Ihrem Kindergarten, an der Schule oder in der Familie einfach mal ausprobieren wollen, können Sie auch einige Elemente entnehmen und nach Ihren eigenen Gegebenheiten kombinieren. Grundsätzlich sind in der Eutonie kleine Abläufe, intensiv und ruhig ausgeführt, genauso wertvoll wie eine vollständige 45- oder 60-minütige Einheit.
Nachdem Sie aber in Kindergarten oder Schule oder auch beim ersten Schnupperkontakt in der Familie vielleicht nicht die Muße haben, alle Übungen erst an sich selbst auszuprobieren, sollen Ihnen die folgenden Modelle helfen. Um ganz konkrete Vorbereitungshilfen zu geben, wird deshalb in sechs ausgewählten Modell-Übungen der mögliche Ablauf einer Eutonie-Einheit beschrieben. Diese sind so aufgebaut, dass an erster Stelle die Eroberung des Raumes und das Kennenlernen des Materials steht. Erfahrungsgemäß macht das die Kinder am meisten neugierig. Wenn Sie eine andere Chronologie als sinnvoller empfinden, verändern Sie einfach die Reihenfolge. Von Ihrem Einfühlungsvermögen und den Möglichkeiten Ihrer Gruppe wird es abhängen, welche Ideen Sie aufgreifen und wie ausführlich Sie dies tun. In der Eutonie sollen die Kinder nicht erneut überfordert werden durch ein Zuviel an Eindrücken.

Der vorgeschlagene Rahmen soll es den Kindern durch ein wiederkehrendes Ritual leichter machen, sich auf die Eutonie einzustimmen. Das *Begrüßungsritual* und der *Abschluss* gehören dazu. Meist ist außerdem die *Tobe-Übung* fester Bestandteil der Übungseinheit, weil sie dem Bewegungsdrang der Kinder entgegenkommt und eine Eintrittskarte ist für ruhigere Übungen. Oft gehört auch eine *Spür-Übung* dazu; sie hilft Körperempfindungen zu ordnen.
Diese vier Fix-Punkte werden in den Modellen ausführlich beschrieben, in den späteren Beispielen wird jeweils auf dieses Kapitel verwiesen. Fühlen Sie sich

frei trotz aller Planungshilfe Ihre ganz spezielle Übungseinheit zusammenzustellen. Die Modelle sind keine Gesamtkunstwerke, sondern jederzeit variierbare Vorschläge.

Das Motto für das eutonische Üben – nicht nur mit Kindern – heißt: Eutonie soll Spaß machen. Es ist deshalb erlaubt, zwischendurch zu spielen oder spontane Bewegung zuzulassen. Auch eutonische Anregungen zwischendurch, wie in „Kleine Ideen für den Anfang" beschrieben (s. S. 44 ff.), können Sie immer spontan einbauen (also beispielsweise: Wir rollen über eine Wiese, kreuz und quer und dann strecken wir uns langsam wie eine Katze, die aufwacht. Oder: Wir machen Geräusche – wie ein Papagei, wie ein Tiger, wie eine Schlange usw. Zum Schluss: wie ein schlafendes Mäuschen.)

Bevor es losgeht – eine Checkliste

Raum: Bereiten Sie den Raum vor (ausreichend warm, wenig Licht), legen Sie eventuell benötigtes Material in Reichweite (aber außer Sichtweite der Kinder), breiten Sie die Matten aus. Über die Kleidung der Kinder sollten Sie schon vorher mit den Eltern gesprochen haben (s. S. 37).

Aufbau: Mit Bewegung anzufangen ist für die Kinder oft wohltuender. Sie können sich dann mit dem Raum vertraut machen und sich tüchtig austoben. Die Ruheübungen fallen ihnen dann erheblich leichter.

Bei Kindern ist es immer ratsam, dass die Leitung einen großen Teil der Übungen mitmacht. Allerdings sollte sie nicht so engagiert und eingebunden sein, dass sie die einzelnen Kinder nicht gut beobachten könnte.

Geräuschkulisse: Geräusche im Raum und außerhalb des Raumes werden nach Möglichkeit mit einbezogen, denn sie helfen den Kindern eine Beziehung zum umgebenden Raum zu finden.

Austausch: Erklären Sie den Kindern, dass Sie im Verlauf der Übung ein paar Fragen stellen, dass es aber schön wäre, wenn die Antwort zuerst mal geheim bliebe, damit jeder für sich nachdenken kann. Dann erst, wenn die Übung zu Ende ist, dürfen sie sagen, was sie bemerkt haben. Sie müssen aber nicht. Am Anfang wissen die Kinder oft nicht, was sie antworten sollen. Sie sind solche Beschäftigung nicht gewöhnt. Stellen Sie trotzdem einige wenige Fragen.

Nach einigen Übungseinheiten drängt es die Kinder oft von selbst zum Antworten.

Lernziele: Eutonisches Lernen geht Hand in Hand mit den Fähigkeiten und Bedürfnissen des jeweiligen Kindes. Das Tempo und den Umfang gibt deshalb jedes Kind für sich selbst vor. Veränderungen brauchen bei dem einen oder anderen Kind oft längere Zeit. Geben Sie dem Kind (und den Eltern) immer wieder das Gefühl, dass es diese ganz individuelle Zeit hat und dass es keine Bewertung oder gar Noten gibt.

Der Rahmen: Begrüßungsritual, Tobe-Übung, Spür-Übung und Abschluss sind Elemente, die im Grundaufbau gleich bleiben und in fast allen Übungseinheiten erscheinen.

Modell 1: Berühren, Raum und Material kennen lernen

Für diese Übung ist vielfältiges Material nötig, das man sich bereits vorher bereitlegen, aber erst direkt vor der Übung im Raum verteilen sollte: Kissen, Taschen, Softbälle, Legosteine, Bauklötze, Stoffpuppen, u. Ä.

Kolumbus – Wir entdecken neue Dinge

- *Begrüßungsritual*, zum Beispiel: Die Kinder ziehen ihre Schuhe aus, stellen sie an einen Platz, streifen Strümpfe oder Socken über, betreten den Raum gemeinsam, holen ihre Matte oder eine andere Unterlage und begrüßen einander. Bei ganz kleinen Kindern legt der/die Übungsleiter/-in die Unterlagen eventuell schon bereit.
- *Tobe-Übung*, zum Beispiel: Die Kinder erobern den Raum mit. Alle hüpfen ein paar Minuten kreuz und quer, durchschreiten den Raum dann langsam und mit großen Schritten und schleichen schließlich – je nach Ansage der Erzieherin oder Lehrkraft.
- Die Kinder gehen auf Zehenspitzen um ein paar im Raum ausgelegte Materialien herum, wie Kirschkernsäckchen, Kissen, Bälle, Legosteine, Taschen. Dann krabbeln sie über die einzelnen Elemente.
  Werfen mit den Säckchen oder Bällen gehört zwar im Moment nicht dazu, es kann aber sein, dass die Kinder diese Idee einbringen. Nehmen Sie sie auf,

aber begrenzen Sie die Zeit und lenken Sie die Aufmerksamkeit der Kinder allmählich wieder auf Ihre vorgesehene Abfolge. Auch hier sollte die Erzieherin oder Lehrkraft weitgehend mitmachen, denn die Kinder werden Sie bei neuen Dingen besonders genau beobachten.

- Die Kinder berühren als nächstes die Gegenstände am Boden. Lassen Sie die Kinder anfangs ruhig spielerisch mit dem Material umgehen, sowohl mit alltäglichen Dingen wie mit eutonischem Material: Spielzeug, Schulmaterial, Bambusstöckchen, Kirschkernsäckchen, Kastanienschlauch …
- Fragen Sie nach einer Weile, welches sich angenehm anfühlt, welches vielleicht kratzt. Welches ist warm, welches kalt? Welches ist glatt, welches liegt gut in der Hand? Fragen Sie nach den unterschiedlichen Oberflächen.
- Die Kinder dürfen alle möglichen Geräusche mit dem Material produzieren. Für Kinder gehört oft das „Krach-mit-etwas-Machen" selbstverständlich zum Erkunden. Nehmen Sie das bewusst vorweg, aber begrenzen Sie die Zeit.
- Bitten Sie die Kinder nun, sich auf die Matte zu setzen und sich bequem hinzulegen, als ob sie schlafen wollten.
- Bitten Sie die Kinder, auf Geräusche im Raum zu achten, aber zunächst nichts darüber zu sagen.
Fragen Sie nach einiger Zeit: Welche Geräusche macht der Raum selber (Knacksen, Ticken einer Uhr)? Welche mache ich (Magenknurren, Husten, Schlucken)? Welche Geräusche kommen von draußen (Autos, andere Kinder)?
- Sagen Sie, dass Gähnen, Räkeln und Strecken immer erlaubt ist, jetzt aber besonders.
- Nach ausgiebigem Dehnen stehen die Kinder auf und bleiben noch kurz auf der Matte stehen.
- *Abschlussritual*, zum Beispiel: tief ausatmen, den Kopf nach unten hängen lassen, aufrichten, einen Gong schlagen oder mit einer Glocke bimmeln, verabschieden.

Tipp: Ist der Lärm oder die Unruhe zu groß, kann es helfen eine Übung einmal mit verbundenen Augen zu machen. Oder zwischendurch auf der Matte mit verbundenen Augen Material ertasten und erraten. Das nimmt das Tempo und verstärkt den Spieleffekt.

Modell 2: Bewegen und Berühren

Spielen einerseits und Übungen aus dem Alltag der Kinder zu entwickeln andererseits sind zwei wesentliche eutonische Prinzipien. Sie machen außerdem den Einstieg leichter. Was Kindern dabei besonders Spaß macht, sind Übungen nach dem Motto „als ob". Die folgende „Waschanleitung" ist eine schöne Übung, die all das vereint.

Die Autowaschanlage

- *Begrüßung* – hilft bei der Einstimmung auf Eutonie, etwa: Schuhe ausziehen, an einen Platz stellen, Strümpfe oder Socken überstreifen, den Raum gemeinsam betreten, zur Matte gehen, einander begrüßen; ein Gong ertönt.
- *Tobe-Übung* – um sich mit dem Raum vertraut zu machen und überschüssige Energie abzugeben. Machen Sie zum Beispiel eine „Als-ob-Runde": Alle sind im Zoo. Jeder ist ein anderes Tier und bewegt sich so wie ein Elefant, eine Schlange, ein Storch, eine Giraffe. Sie können auch Tiergeräusche zulassen.
- *Spür-Übung* auf der Matte – hier wird Besinnung auf den Körper und ein guter Kontakt zum Boden entwickelt (s.a. „Kleine Ideen für den Anfang", S. 51): Die Kinder legen sich in einer bequemen Position auf die Unterlage. Fragen Sie nach den Geräuschen, die wahrgenommen werden: Welche kommen vom Raum, welche von außerhalb? Fragen Sie dann, wo der Körper die Unterlage berührt. Gibt es einen Teil des Körpers, den man ganz besonders stark auf der Matte spürt? Welchen spürt man kaum? Tut etwas weh beim Liegen? Drückt etwas?
  Gehen Sie, wenn es die Geduld der Kinder erlaubt, von oben nach unten ein paar Stellen gemeinsam durch, etwa: Wie fühlt sich der Kopf da an, wo er die Matte berührt? Was machen die Arme? Mein Po? Meine Beine? Meine Ferse?
- Die Kinder räkeln sich und strecken sich ausgiebig, Gähnen und Stöhnen ist erlaubt. Dann stehen sie langsam auf.
- Alle Kinder bis auf eines stellen sich in zwei Reihen gegenüber auf und strecken die Arme aus, sodass sie sich berühren. Das ist der Tunnel der Waschanlage.
- Ein Kind krabbelt auf allen vieren in die von anderen Kindern gebildete Waschanlage hinein.

- Sobald es drin ist, lassen die anderen Kinder die Arme sinken und bekommen von der Erzieherin oder Lehrkraft das „Putzmaterial".
In der ersten Runde sollte das weiches Material sein: Softbälle, Stofftücher. Das „Auto" wird gründlich geputzt, von oben bis unten.
Gewaschen wird in der zweiten Runde mit hartem Putzmaterial: Kastanien, Tennisball, Holzkugel.
Dann wird eventuell noch mit den Händen gewaschen. Beobachten Sie die Geduld und den Status der Kinder. Manche scheuen anfangs die direkte Berührung.
- Die Kinder trocknen jetzt das „Auto": Sie machen Wind und pusten aus vollen Backen oder fächeln Luft mit den Händen.
- Die Kinder bewundern das saubere „Auto".
- Wechsel mit anderen Kindern. Jedes Kind sollte einmal an der Reihe sein.
- Die frisch gewaschenen Autos fahren zum Schluss alle herum und schauen, ob alles noch funktioniert: der Scheibenwischer, die Hupe, der Rückwärtsgang usw. Nehmen Sie weitere Ideen der Kinder mit auf.

Variante: Ein Kind ist ein Pferd oder Pony, die anderen striegeln es.

Tipp: Wie die Eutonie-Stunde abläuft, ist immer das Ergebnis eines Zusammenspiels zwischen Anleiterin oder Anleiter und den Teilnehmern. Alle haben eine Tagesform, die sie in die Stunde mitbringen und die mit einfließen wird. Ändern kann man diese Komponenten nicht immer, aber sich darüber bewusst zu sein, hilft bei der Gestaltung der Stunde. Verspüren Sie etwa an einem Tag eine bestimmte Unruhe bei sich selbst, können Sie sicher sein, dass auch die Kinder sie registrieren werden. Besondere Konzentrationsübungen sind dann weniger zu empfehlen, besser sind spielerische oder bewegungstechnische Schwerpunkte wie die Autowaschanlage. Dasselbe gilt umgekehrt: Wenn die Kinder ausnehmend aktiv oder unruhig sind, sollte man sie erst einmal ausgiebig toben lassen und keine allzu ruhige Einheit einplanen.

Modell 3: Bewegung mit Materialien

Bewegungen nach Tierart fallen Kindern leicht. Sie können oft überraschend genau ihnen bekannte Tiere in ihrer speziellen Bewegung imitieren. Das Spüren von Materialien bereitet die Kinder vor auf das wichtige eutonische Element Berühren und Kontakten. Das Arbeiten mit Material vermittelt den Kindern spielerisch ein Gefühl für die verschiedenen Oberflächen und Strukturen.

Extra-Vorbereitung für die folgende Übung: allerlei Material (Stöckchen, kleine Bälle, Säckchen, Steine, Holzkugeln).

Die Raupe

- *Begrüßungsritual* (hilft den Kindern sich auf die Eutonie einzustimmen): Schuhe ausziehen, an einen Platz stellen, Strümpfe oder Socken überstreifen, den Raum gemeinsam betreten, zur Matte gehen, alle begrüßen sich. Eventuell gongen.
- Unterschiedliche Materialien werden auf dem Boden verteilt.
- Die Kinder geben einander die Hand und bilden so eine Raupe mit vielen Füßen.
- Die Erzieherin/Lehrkraft ist der Raupenkopf und leitet die Kinder über die verschiedenen Materialien. Sagen Sie: „Die Füße der Raupe spüren die verschiedenen Hindernisse auf dem Boden."
- Die Raupe tritt dann nur mit den linken Fuß auf die Hindernisse, in einer weiteren Runde nur mit dem rechten. Eventuell erweitern: Auftreten mit den Zehen, mit der Ferse.
- Jedes Kind darf einmal Raupenkopf sein.
- Rückkehr auf die Matte. Die Kinder kommen zur Ruhe. Sie können ihnen noch die Geschichte von Thomas, dem Tausendfüßler, vorlesen (s. S. 27 ff.).
- *Abschluss*, zum Beispiel: tief ausatmen, den Kopf nach unten hängen lassen, aufrichten, verabschieden. Glocke, Klingel, Instrument erklingen lassen.

Modell 4: Berühren und Tasten mit Materialien

Etwas anfassen, Dinge mit den Händen ausprobieren, kommt dem kindlichen Spielbedürfnis entgegen. Außerdem bereitet das Arbeiten und das Spielen mit Materialien die Kinder auf das Thema Berührung vor. Denn den eigenen Körper zu spüren oder von anderen berührt zu werden fällt manchen nicht immer leicht. Es kann sich aber allmählich aus dem Arbeiten mit Materialien entwickeln.
Extra-Vorbereitung: Wärmen Sie rechtzeitig verschiedenes Material (Kirschkernsäckchen, Kastanienschlauch, weicher Ball, Kissen, Steine o.Ä.) an. Dazu eignet sich beispielsweise ein Heizkörper. Sehr eingeschränkt (bitte auf niedrige Temperatur achten!) ist auch der Backofen möglich.

Die Sonne in der Hand

- *Begrüßungsritual* (die Kinder werden auf die Eutonie eingestimmt): Schuhe ausziehen, an einen Platz stellen, Strümpfe oder Socken überstreifen, den Raum gemeinsam betreten, alle begrüßen einander.
- *Tobe-Übung* (überschüssige Energie wird abgeleitet): Die Kinder gehen langsam durch den Raum und berühren sich am Arm, wenn sie sich begegnen. Dann schließen sie die Augen, gehen weiter und versuchen jetzt sich nicht zu berühren.
Dann: Schleichen mit und ohne Berühren.
Dann: Rennen mit und ohne Berühren.
Sagen Sie, dass Berühren nicht Stoßen oder Boxen ist und üben Sie vorsichtige Kontakte eventuell vorher.
- *Spür-Übung* (die Kinder kommen zur Ruhe, der Kontakt zum Boden wird eingeübt): Die Kinder stellen sich vor, die Unterlage ist eine Wiese, auf der sie sich ausbreiten, weil die Sonne scheint. Sie dehnen sich und strecken sich. Wo liegt der Körper besonders auf? Wo ist er kaum mit der Unterlage verbunden?
- Dann fahren die Kinder Schlittschuh (s. Kleine Ideen für den Anfang, S. 47). In der Eutonie heißt das *Ausgleiten:* Alle liegen auf dem Rücken, die Beine ausgestreckt. Dann ziehen sie die Füße ganz langsam bis zum Po hoch, die Fußsohlen berühren dabei immer den Boden. Die Kinder können sich vorstellen, ein Faden oder eine Schnur ziehen ihre Füße hoch. Es geht deshalb ganz leicht und ohne Ruck, als wäre die Matte eine glatte Eisfläche.

- Fragen Sie: Spürst du deine Fußsohlen fest auf der Matte? Was spürst du sonst noch fest auf der Matte? Deinen Po? Deine Hände? Dann rutschen die Füße und Beine – möglichst wieder ohne Kraftanstrengung – in die gerade Ausgangslage zurück.
- Fragen Sie dann, ob sich Füße und Beine jetzt anders anfühlen als vorher. Sind sie wärmer oder kälter geworden? Weicher? Liegen sie fester auf der Unterlage auf?
- Nehmen Sie jetzt das vorgewärmte Material auf und geben Sie jedem Kind etwas in die Hand.
- Die Kinder halten das Material mit beiden Händen.
  Fragen Sie die Kinder, wie sich der Ball, das Kissen anfühlt, wo die Wärme von der Hand aus hingeht. Lassen Sie spontanes Antworten zu.
  Fragen Sie dann: Wann berührst du den Ball/das Kissen lieber – wenn er/es warm ist oder kühl? Was mögen deine Finger lieber? Fühlen sich die Kastanien anders an, wenn sie warm sind?
- Das Material wird wieder abgelegt oder Sie sammeln es ein.
- *Abschluss:* Alle stehen auf, atmen tief durch und lassen ein paar Sekunden den Kopf hängen. Wieder aufrichten und verabschieden.

Tipp: Am Anfang der Eutonie-Arbeit ist es gut, viel Bewegung zuzulassen, eventuell einfach hin und wieder Raum fürs Toben und Rennen geben. Unterbrechungen schaden weniger als Zwang.

Modell 5: Bewegen, Widerstand und Transport erfahren

Auf spielerische Art wird in der in der Eutonie sehr beliebten „Treppenübung" der Bezug zum Alltag vermittelt. Die Kinder lernen an dieser alltäglichen Übung, wie sie ihre Spannung der jeweiligen Anforderung anpassen, wie sie nicht zu viel und nicht zu wenig Spannung aufwenden, um eine Treppe hinaufzusteigen. Daneben werden eutonische Grundbegriffe wie Widerstand, Transport und Verlängerung am eigenen Leib erfahrbar.
Denn zum Treppensteigen gehört sowohl Druck auf den Treppen-Untergrund (Widerstand wird fühlbar), wie auch die Gewichtsverlagerung, an die sich flüssig das Druckgeben anschließt (Transport und seine aufrichtende Wirkung wird spürbar), und die gedankliche Vorstellung, das Standbein drücke weiter als bis zum Untergrund (Verlängerung wird erlebbar).

Veränderungen in der Körperhaltung und beim Abdrücken auf der Treppe sind bei den Kindern meist sehr schnell zu sehen. Das Treppensteigen sieht oft schon nach einigen Übungswiederholungen nicht mehr wie eine Anstrengung aus, das Geländer wird statt zum Hochziehen gar nicht mehr oder nur noch zum Gleichgewichthalten benützt.

Die folgenden Durchgänge können übrigens durchaus an verschiedenen Tagen geschehen. Beobachten Sie Ausdauer und Konzentrationsfähigkeit Ihrer Gruppe genau. Überforderung oder Überanstrengung blockiert eutonisches Lernen. Vermeiden Sie auch jeglichen Eindruck bei den Kindern, sie gingen „falsch" die Treppe hinauf.

Die Bergbesteigung

- Die Kinder steigen zunächst ohne genauere Ansage eine nicht zu hohe Treppe hinauf und wieder herunter.
- Beobachten Sie, was die Kinder tun und wie sie es tun. Meistens ist eine gewisse Anstrengung spürbar. Einige benützen das Geländer, ziehen sich hoch anstatt zu steigen. Manche ziehen die Füße sehr hoch.
- Vor dem zweiten Mal: Bitten Sie die Kinder, langsam hochzusteigen und ihre Aufmerksamkeit auf die Füße zu richten: auf den Druck des Standbeins, auf das Heben des freien Beines. Fordern Sie die Kinder auf, das Bein, das gerade auf die Treppe drückt und auf welches das Körpergewicht verlagert wird, in Gedanken weiter nach unten zu drücken. Und zwar bewusst und mit Nachdruck – durch die Treppe hindurch, immer weiter, bis in den Keller zum Beispiel.
- Die Kinder gehen erneut die Treppe hoch und versuchen bei jedem Aufsetzen an den Druck, der bis tief in den Keller reicht, zu denken.
- Lenken Sie in einem weiteren Durchgang die Aufmerksamkeit auf den Kopf. Ist er gebeugt, weil die Augen auf den Boden schauen?
  Halten Sie die Kinder an, voraus zu schauen, dabei aber den Kopf nicht nach oben abzuknicken.
  Die Kinder sollen sich jetzt vorstellen, der Kopf reiche weiter nach oben, ganz nach oben – etwa bis zum Dach des Hauses.

- Ein weiterer Durchgang: Lenken Sie nun die Aufmerksamkeit auf die Arme. Wie gehe ich am zweckmäßigsten hoch? Wenn die Arme steif sind oder wenn sie locker herunterhängen oder wenn sie jedes Pendeln mitmachen? Ausprobieren lassen!
- Jeweils am Fuß der Treppe durch ein paar Fragen oder Hinweise das Erlebte eingrenzen: Spüre deine Beine! Fühle deine Füße! Was macht der Kopf, wenn du Treppen steigst? Brauchst du ihn überhaupt? Geht das Treppensteigen leichter, wenn du deinen Fuß-Druck in Gedanken bis zum Keller verlängerst? Fragen Sie eventuell auch: Nimm wahr, welche Kraft du brauchst, wenn du hochstampfst. Oder wenn du sozusagen schwebst. Wie brauchst du am wenigsten Kraft? Wie gehst du am liebsten die Treppe hoch?
- *Ausklang*: im Kreis aufstellen, tief ausatmen, den Kopf nach unten hängen lassen, aufrichten, verabschieden.

Varianten:
- Einmal hoch gehen und fest aufstampfen, die Aufmerksamkeit dabei auch auf die Knie lenken.
- Ein weiteres Mal hochgehen und versuchen nur ganz leicht aufzutreten: „Feengang".

Transportreflex

Die Kinder machen an dieser alltäglichen Übung eine eutonische Grunderfahrung: Der Druck gegen den Boden oder die Treppe strömt bei einem Körper mit einem ausgewogenen Spannungszustand wieder in ihn zurück und richtet ihn sozusagen auf, gegen die Schwerkraft der Erde. Krampfhaftes und kräftezehrendes, bewusstes Halten ist überflüssig. „Transport" heißt der eutonische Begriff dafür. Um Transport zu ermöglichen, ist Widerstand in unterschiedlichster Form nötig. Hier ist es die Treppe. Der Widerstand gibt den Druck, also die vom Körper eingesetzte Kraft, wieder zurück. Dieser sogenannte „Transportreflex" regt den Fluss des Organismus an, hilft das Körpergefühl zu verbessern und dient der Aufrichtung, die dadurch geschieht.

Die niederländische Eutonie-Pädagogin Jenny Windels hat viele Jahre mit Sonderschulkindern gearbeitet. Sie beschreibt die Lernerfolge ihrer Kinder beim

Treppensteigen so: „Die Kinder wollen keinen Lärm machen, um die Ordnung, die durch das richtige Aufsetzen und Abdrücken der Fußspitzen bewirkt wird und die sie in sich aufsteigen fühlen, nicht zu stören. Dies machen sie alle, und die Reihe der Schüler gleicht einem hochfahrenden Fahrstuhl, der ohne Stöße und Geräusche nach oben geht" (Eutonie mit Kindern, S. 19).

Auch wenn die Kinder einzelne Körperteile in der Vorbereitung (s. S. 41 f.) ein wenig kennen gelernt haben, ist diese Übung für kleine Kinder manchmal ein bisschen anstrengend. Weil sie aber im grundsätzlichen Aufbau eine klassische Eutonie-Einheit darstellt, lohnt es, sich näher mit ihr zu beschäftigen – aber vielleicht nicht gleich mit ihr anfangen!
Jeder, der mit „seinen" Kinder Eutonie machen will, soll sich herzlich ermuntert fühlen, für die jeweils eigene Gruppe Veränderungen vorzunehmen. Denn: Einmal mit den Kindern gründlich beide Füße abtasten und abklopfen und danach gemeinsam überlegen, ob sie jetzt wärmer sind als vorher, reicht für den Anfang vollkommen aus. Das ist eine kurze, aber sehr intensive Übung – und sicher auch ganz kleinen Kindern möglich.

Modell 6: Baf – Berühren, abklopfen, fühlen

Der Frosch

- *Begrüßungsritual* (die Aufmerksamkeit wird auf Eutonie gelenkt): Schuhe ausziehen, an einen Platz stellen, Strümpfe oder Socken überstreifen, den Raum gemeinsam betreten, alle begrüßen einander noch einmal ausdrücklich.
- *Tobe-Übung* (überschüssige Energie wird abgeleitet): Alle stellen sich vor, sie sind im Dschungel, und jeder bewegt sich wie ein anderes Tier: wie eine Schlange, ein Elefant, ein Tiger, eine Giraffe. Auch passende Geräusche dürfen gemacht werden.
- *Spür-Übung* (der Kontakt zum Boden wird entwickelt und Empfindungen des Körpers sortiert): Die Kinder liegen in einer bequemen Position auf der Unterlage. Warten Sie, bis etwas Ruhe eingekehrt ist. Um die Ruhe zu befördern, können Sie auch eine kleine Geschichte erzählen oder die Kinder bitten, sich vorzustellen, an Armen und Beinen hingen große Gewichte, die sie durch die Matte durch in den Keller ziehen.

- Fragen Sie dann etwa: Wie fühlt sich für dich die Unterlage an? Wo genau berührt dein Körper den Boden? Fangen Sie damit immer oben an, zum Beispiel mit Kopf und Nacken, und gehen dann langsam nach unten. Wo spannt etwas in deinen Beinen? Fühlst du den Druck auf deiner Ferse durchs Liegen?
- Intensives Strecken und Dehnen (s. S. 50) in der Rückenlage: Die Kinder dehnen ihre Arme bis in die Fingerspitzen, dann die Beine und strecken die Zehen ganz durch. Lassen Sie den Kindern Zeit dafür. Fragen Sie beispielsweise: Fühlt sich jetzt irgendetwas anders an als vor dem Strecken? Ist der Körper überall warm? Wo spannt es jetzt noch? Sind es mehr oder weniger Stellen geworden, die spannen?
- Ausgehend von der Rückenlage stellen die Kinder die Füße auf der Matte auf. Die Knie zeigen zur Decke. Dann fallen die Knie ganz langsam nach außen, bis es bei jedem aussieht wie ein Frosch, der auf dem Rücken liegt. Die Fußsohlen liegen aneinander.
- Die Füße gleiten nun wieder zurück. Das Kind liegt gerade da. Dann noch einmal heranziehen und den Frosch wiederholen.
  Fragen Sie: Spürt jemand etwas an Rücken oder Po, wenn ihr so liegt? Tut etwas weh? Drückt etwas? Merkst du, ob sich etwas verändert?
- Die Füße rutschen nach vorn, bis alle Beine wieder ausgestreckt daliegen.
- Jetzt die Knie zum Bauch ziehen und eine Weile so bleiben.
- Wenn Sie die Übung öfter machen, können Sie auch hier Fragen stellen. Etwa: Geht das Atmen genauso wie vorher? Geht es schwerer?
- *Zum Schluss* die Fersen in der Luft tüchtig durchschütteln, wie ein Maikäfer, der auf dem Rücken zappelt. Lassen Sie den Kindern viel Zeit zum Schütteln. Sie sind meistens froh, wenn wieder ein bisschen Bewegung gefragt ist. Bei kleineren Kindern ist hier oft der Abschluss empfehlenswert.

Erweiterung für größere Kinder:
- Fußsohlen aufstellen. Ganz langsam ausrutschen lassen, bis die Beine gestreckt sind. Die Kinder sollen lernen, hier keinen Druck auszuüben, sie sollen die Beine wie von einem Faden gezogen bewegen. (*Passiv ausgleiten* ist der eutonische Fachbegriff dafür.)
- Die Arme langsam strecken und dabei hinter den Kopf legen.
- Finger nach hinten strecken, so weit es geht; Fersen nach vorne strecken.

- Spannung loslassen, Arme zurücknehmen. Ausruhen. Kurze Zeit ruhig daliegen. Hinweise geben: Wo war bei der Übung die Spannung zu spüren? Wo kannst du besonders gut ausruhen? Nimm wahr, wie dein Körper jetzt auf der Matte liegt.
- Eutonieerfahrene Kinder wiederholen diese Streckübung mehrmals.
- *Abschluss*: langsam zum Sitzen kommen, tief ausatmen, dann aufrichten, verabschieden.

Variante: Die Streckübung kann auch auf dem Bauch und in der Seitenlage durchgeführt werden.

Tipp: Manche Kinder haben Probleme ein Körperteil zu erspüren. Sie können helfen, wenn Sie den betreffenden Bereich sanft berühren, eventuell mit einem weichen Ball oder einem Bambusstäbchen. Der Reiz über das Material erleichtert es, die einzelnen Bereiche wahrzunehmen und voneinander zu unterscheiden.

5. Vier eutonische Übungskreise

„Zwar geht es stets um dieselben Prinzipien, aber sie werden immer wieder den Bedürfnissen entsprechend variiert werden müssen."
(Mariann Kjellrup, Eutoniepädagogin in München)

Grundsätzlich gibt es für die Eutonie keine Altersgrenze nach unten oder nach oben. Die Übungen werden lediglich flexibel angeglichen. So sind zum Beispiel manche Übungs-Schwerpunkte, wie „Körperinnenraum" oder „Verlängerung", für Kinder nicht ganz einfach nachzuvollziehen. Vier Schwerpunkte eutonischer Arbeit haben sich deshalb (nach Elisabeth Fohrler) für die Arbeit mit Kindern als besonders geeignet erwiesen:
1. Materialien
2. Berührung
3. Bewegung
4. Widerstand

Wie bereits erwähnt, sind dies keine streng voneinander getrennte Sektoren, in der Praxis wird vielmehr meist eine Mischung vorkommen. Die folgenden Übungsvorschläge sind zugunsten besserer Übersicht und leichterer Planbarkeit jedoch nach ihren Schwerpunkten in diese vier Bereiche unterteilt.

Die Schritte 1 *(Begrüßung)*, 2 *(Tobe-Übung)* und 3 *(Spür-Übung)* sowie das *Abschlussritual* kommen bei nahezu allen Übungen vor. Vorschläge zu ihrer Gestaltung können Sie bei den Modellübungen (ab S. 58) nachlesen. Sie sind aber kein Muss und können je nach Zusammensetzung Ihrer individuellen Gruppe auch weggelassen werden.

Übungskreis I: Arbeit mit Materialien

Kinder fassen gern etwas an, wollen ihren Tastsinn erproben. Mit verschiedenen Materialien können viele Elemente der Eutonie spielerisch vermittelt werden. Die Kinder tun etwas mit den Materialien, sie entwickeln eigene Ideen und vor allem: Sie erleben eutonische Prinzipien in gemeinsamer Aktion.

Kontaktübungen mit Material erleichtern auch spätere Kontakt- und Berührungsübungen am eigenen Körper oder in der Gruppe.

Der Einstieg mit Material kommt bei Kindern aller Altersgruppen gut an. Sie werden aufmerksamer den Gegenständen des Alltags gegenüber. Sie stellen fest, dass die Dinge eine unterschiedliche Oberfläche haben, die sich beim Berühren unterschiedlich anfühlt – kalt, warm, glatt, biegsam, hart, weich. Sie registrieren außerdem, dass sie manche Dinge lieber anfassen als andere und vielleicht auch, warum das so ist.

Nehmen Sie für Ihre Übungen neben einigem eutonischem Grundmaterial die Elemente möglichst aus der unmittelbaren Umgebung der Kinder.

Vorschlag 1: Das Deckenspiel

Die Arbeit mit der Decke vermittelt durch den Druck dieser „zweiten Haut" ein Gefühl für die Grenzen des eigenen Körpers. Kinder merken, hier hört meine Haut auf, hier fängt die Decke an. Die Decke hilft außerdem, das Empfinden der eigenen Haut besser kennen zu lernen, etwa wenn es kratzt oder wärmt.
Extra-Vorbereitung: eine nicht zu kleine Decke für jedes Kind.

- Begrüßungsritual, etwa: Schuhe ausziehen, die Matten holen, begrüßen, Gong schlagen.
- Tobe-Übung, etwa: so tun, als ob alle Tier im Zoo sind (hüpfen, schleichen, krabbeln; zunächst frei, dann nach Ansage).
- Spür-Übung, etwa: Die Kinder nehmen eine bequeme Position auf der Matte ein. Bestandsaufnahme in Rücken- oder Seitenlage: Welche Stellen meines Körpers liegen auf dem Boden auf? Tut es irgendwo weh? Was macht der Hinterkopf? Kann ich ihn spüren, da wo er aufliegt? Wenn nicht: Lassen Sie die Kinder den Kopf bewegen oder berühren.
Kann ich den Rücken spüren, wo er die Unterlage berührt? Die Arme? Was macht mein Bein, die Ferse? Die Erzieherin oder Lehrkraft kann jederzeit durch Berühren helfen.
- Ausgleiten: Die Kinder liegen auf dem Rücken. Sie ziehen die Füße ganz langsam heran, bis sie fast den Po berühren. Sie stellen sich dabei vor, ein Faden zieht die Füße zum Po. Sind sie da angekommen, rutschen die Füße ganz leicht und langsam wieder nach vorn – bis die Beine ausgestreckt daliegen.
- Dann wird „ein Geschenk" eingepackt: Ein Kind legt sich auf die Decke und wird von den anderen eingewickelt. Ist es ganz ummantelt, wird es langsam und vorsichtig wieder ausgepackt.
Diese Gemeinschafts-Übung sollte man am Anfang besser mit nur einer Decke machen und die Kinder gut beobachten, damit man eingreifen kann, wenn der spielerische Aspekt zu sehr die Oberhand bekommt.
- Dann: Die Kinder rollen sich selbst in eine Decke und rollen sich wieder aus.
- Zuletzt dürfen es sich die Kinder auf ihrer Decke im Liegen bequem machen.
- Fragen Sie jetzt einzelne Erlebnisbereiche ab: Wie war das, als die Decke ganz um dich herum war? Hast du dich gern ausrollen lassen oder wärst du gern noch drin geblieben? Wie fühlte sich die Decke auf deiner Haut an? Kratzig, angenehm, weich? Wolltest du dich lieber selbst einwickeln oder war es schöner, als dich die anderen eingewickelt haben?
Eventuell wiederholen.
- Abschlussritual, etwa: Intensiv strecken und dehnen, tief atmen, Gong schlagen.

Variante: Die Kinder rollen ohne Decke ein und aus. – Das Ausrollen ohne Hilfsmittel ist eine gute Möglichkeit seinen eigenen Spannungszustand wahrzunehmen. Man wird nämlich spürbar flexibler und weicher bei öfterer Wiederholung. Allerdings haben die Kinder oft Schwierigkeiten sich ganz langsam auszurollen, denn dafür ist einige Konzentrationsfähigkeit nötig (s. dazu auch Muschelübung, S. 51). Die Vorbereitung mit der Decke ist dabei eine Hilfe.

Tipp: Die Kinder möchten manchmal auch einfach wie ein Päckchen liegen bleiben und nicht entschnürt werden. Lassen Sie das hin und wieder ruhig zu. Das „Aufschnüren" ist für manche recht anstrengend, sie wollen es vielleicht erst bei anderen beobachten.

Vorschlag 2: Brücken bauen

Extra-Vorbereitung: allerlei Material (zum Beispiel Kirschkernsäckchen, Kastanienschlauch, Seile, Kissen, Holzstäbe), vier Decken.
- Begrüßung
- Tobe-Übung: Austoben, den Raum erobern.
- Spür-Übung
- Vier Decken im Raum verteilen. Unter jeder Decke ist anderes Material versteckt.
- Alle Kinder versammeln sich um eine Decke und erforschen das versteckte Material: mit den Händen, mit den Füßen, mit den Zehen, vielleicht auch mit dem Bauch oder dem Kopf?
- Nacheinander zu den anderen Decken wechseln. Die Kinder tasten ohne das Material hervorzuholen.
- Lassen Sie Ideen der Kinder zu, was sonst noch mit dem Material gemacht werden kann. Zum Schluss darf es auch hervorgeholt werden.
- Dann wird jede Decke ausgebreitet. Sie ist ein Fluss oder ein See. Mit dem entdeckten Material bauen die Kinder eine Brücke von einem See zum anderen.
- Die Kinder gehen, möglichst barfuß, über die verschiedenen Brücken.
- Fragen Sie eventuell, wie sich die Fußsohlen anfühlen, wo etwas weh tut, worüber sie am liebsten gehen, was am schwierigsten ist. Sind die Fußsohlen am Schluss warm, kribbelig, leicht?
- Abschlussritual

Variante: Die Wolldecken liegen unterschiedlich zusammengelegt auf dem Boden – schmal und lang, klein oder großflächig. Ansage: „Wie viele von euch passen auf eine Decke, ohne dass einer den Boden berührt?"

Extra-Vorbereitung: eine Decke für jedes Kind.
- Begrüßung
- Tobe-Übung
- Spür-Übung
- Die Kinder gehen zu ihrer Matte. Dort liegt eine Decke. Sie falten sie zusammen, sodass sie auf ihren Rücken passt.
- Dann gehen sie in den Vierfüßler-Stand und legen sich die Decke auf den Rücken. Bei ganz kleinen Kindern muss beim Falten und Auflegen der Decke sicher noch geholfen werden.
- Fragen Sie die Kinder, welches Tier sein Haus mit herumträgt (Schnecke, auch Schildkröte).
- Die Kinder schleichen dann als Schnecke im Raum umher, so langsam sie können.
- Sie ziehen sich ganz in ihr Haus zurück, indem sie die Decke wieder auseinander falten und um sich legen.
- Dann strecken sie den Kopf heraus, die Fühler (Arme und Hände).
- Sie ziehen den Kopf wieder zurück.
- Abschluss

Vorschlag 3: Schnecke oder Schildkröte

Die Schlangenübung ist eine ausgezeichnete Kombinations-Übung, die den Kindern hilft, den Raum und das Material kennen zu lernen. Die Unterschiede der Materialien werden hautnah erfahren.
Extra-Vorbereitung: Füllen Sie eine Schüssel oder einen niedrigen Eimer mit Wasser, legen Sie Handtücher bereit sowie allerlei Material (Kastaniensäckchen, Kissen, Bälle, Bambusstöckchen u.a.m.).
- Begrüßung
- Tobe-Übung
- Spür-Übung auf der Matte
- Die Kinder legen eine „Riesenschlange" durch den Raum: Alles, was Sie an Material bereitgehalten haben, wird im kleinen Abstand hintereinander gelegt.

Vorschlag 4: Riesenschlange

(Fortsetzung S. 87)

Erläuterungen zu den Bildern

Seite 75
oben

Körperbewusstsein spielerisch schulen. Auch der Fuß kann trösten: Mit dem Fuß die Tränen trocknen und wegwischen. Wie fühlt sich das an?

unten links

Auf dem Boden ist gut ruhen. Die linke Hand möchte zur linken Ferse. Langsam, langsam schiebt der linke Arm sich zu ihr hin, immer am Boden entlang, bis die Ferse gefunden ist.

unten rechts

Auch unsere Zehen sind wichtig. Oft werden sie durch unpassendes Schuhwerk eingezwängt und wenig beachtet. Wenn wir unsere Zehen liebevoll zwischen unsere Finger nehmen, um sie zu spüren, ist das wie ein Beten mit Fuß und Hand.

Seite 76
oben

Ich kann auch auf dem Holzblock balancieren. Das geht gut, sobald ich die richtige Stelle gefunden habe. Sie ist da, wo Block und Körper am besten zueinander passen. Welche Teile meines Körpers sind jetzt angespannt? Was passiert, wenn ich locker lasse? Wo spüre ich, dass mein Körper den harten Block berührt? Wie können meine Hände helfen, auf dem Block zu schweben?

unten

Ein Experiment: Was muss ich tun, damit ich unter einem Fußbänkchen durchkomme? – Mich allerhöchst konzentrieren.

Seite 77

Ich kann mich auf vielen Ebenen bewegen: Die erste und vertrauteste ist der Boden.
Wenn ich Stühle auf den Boden stelle, habe ich mit den Sitzflächen eine zweite Ebene geschaffen. Alles sieht von hier aus ein bisschen anders aus.
Ich kann über die Stuhllehnen steigen und probiere so die dritte Ebene aus.
Auf allen drei Ebenen bewege ich mich anders. Ich berühre den Stuhl, aber kein anderes Kind. Ich warte, bis ich genug Abstand zum vorderen Kind habe.

Seite 78
oben

Muskeln und Gelenke geschmeidig machen – auch das will die Eutonie. Die Dehnungen können auch in eine kleine Geschichte eingebunden werden, die die Bewegungsabläufe für die Kinder anschaulicher macht. Zum Beispiel so: „Wir segeln mit einem Boot (das ist das Bein) die Küste entlang. Wenn es angekommen ist, klettern wir den Berg (das Bein) hinauf und schauen dann über den Felsen (Knie) in einen Teich hinunter. Vielleicht sieht der eine oder die andere einen Fisch darin schwimmen. Wir lassen uns Zeit hinunter zu schauen."

unten links

Wer seinen Händen ein wenig Aufmerksamkeit schenkt, sieht sie mit anderen Augen. Ich kann sogar die Luft zwischen meinen Fingern spüren – und sie kämmen. Oder die Temperatur der Handinnenfläche spüren. Sie ist anders als die des Handrückens.

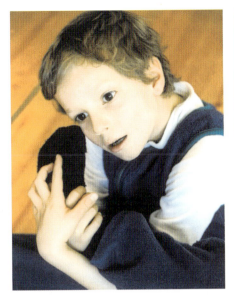

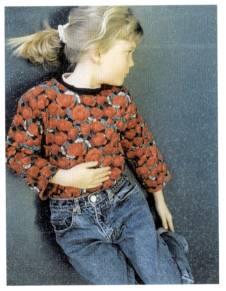

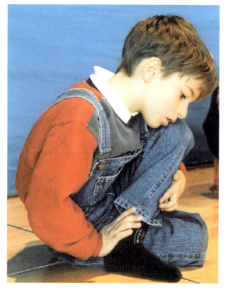 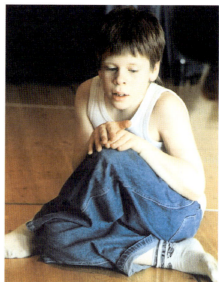

Mit den Füßen die Balance zu halten ist keine leichte Aufgabe. Aber es macht Spaß, sich einmal ganz auf die Fußsohlen zu konzentrieren. Ich mache den Körper so kompakt wie möglich, wie ein Päckchen, so fühle ich mich stärker.	**Seite 78** *unten rechts*
Mit der Trommel auf dem Kopf wachsen wir alle noch ein paar Zentimeter. Nur wer ruhig sitzt und atmet, kann sie auf dem Kopf behalten. Der Kontakt in der Mitte hilft: Alle geben ihre gesammelte Konzentration mit den Fingerspitzen weiter.	**Seite 79** *oben*
Ungewohntes für die Füße: Sie und nicht die Hände sind es diesmal, die aus der Trommel Klänge hervorzaubern. Wie hört sich der Ton an, wenn ich mit der Ferse und dann mit dem Zehen Musik mache? Die Füße sind froh, wenn sie einmal nicht die Laufarbeit machen müssen. Sie fühlen sind nach dem Trommeln weicher und wärmer an.	*unten*
Mit den Händen etwas anzuschieben bin ich gewohnt. Wie geht es mit dem Kopf? Mit dem Kinn? Geht das leichter? Schwerer? Wie fühlt sich der Gegenstand an, wenn ich ihn mit dem Kopf berühre? Kann ich meine Kraft so vorsichtig dosieren, dass der Stab im Gleichgewicht bleibt?	**Seite 80** *oben*
Manchmal wird mein Kopf so schwer, obwohl nichts auf ihm liegt. Wie fühlt es sich an, wenn ich etwas Leichtes auf ihn lade? Kann ich alle meine Gedanken nach oben schicken und es ihm damit leichter machen? Sehen kann ich die Last nicht, aber spüren. Ich gehe ein paar Schritte, versuche, die Last zu halten, auszubalancieren. Ich kann merken, dass mein Oberkopf rund ist und alles leicht abgleitet.	*unten*
Welche Muskeln meines Arms werden gebraucht zum Balancieren? Werden sie müde? Kann ich es, wenn ich das nächste Mal übe, länger aushalten? Die Augen machen mit. Ohne die Hilfe der Augen wäre Balancieren doppelt so schwer.	**Seite 81** *oben links*
Wie schnell so eine Murmel sich selbstständig machen kann. Mit sehr viel Gelassenheit schaffe ich es, sie eine Weile auf dem Stäbchen zu halten. Ihre runde und glatte Oberfläche scheint mir viel eher dafür geschaffen, über den Boden zu kullern und zu sausen.	*oben rechts*
Ein bisschen zu viel Kraft – und der Stab rutscht den Holzblock hinunter. Die Energie-Balance einüben, die Augen und Hände schulen, damit das empfindliche Gleichgewicht von Block und Stäbchen nicht gestört wird: All das verlangt höchste Konzentration.	*unten links*
Der Stab bleibt nur dann auf den Händen liegen, wenn sie ganz ruhig sind. Schaffe ich es, eine Hand wegzunehmen?	*unten rechts*

Seite 82
oben

Wer schon eutonieerfahren ist, kann mühelos auch knifflige Aufgaben angehen: zum Beispiel einen federleichten Stäbchen-Stern auf zwei Holzpflöcken plazieren. Das erfordert Gespür für die eigenen Hände und für das Material. Durch das Bauen entwickelt sich Fingerspitzengefühl, die Finger werden gelöster und sensibler. Konzentration und Motorik werden in der Eutonie in jeder Einheit auf spielerische Weise geübt und gefordert.

unten links

Schlaghölzer geben erst dann einen Ton, wenn sie locker in den Händen gehalten werden. Dann kann die Hand die Resonanz vertiefen. Packen die Hände allzu fest zu, gibt es nur ein klackendes Geräusch. Je behutsamer ich halte, desto feiner wird der Klang, fast wie ein hölzerner Glockenton hört er sich dann an. Er kann durch Gesang oder mit dem Klavier aufgenommen werden.

unten rechts

Ruhe in den Händen und absolute Aufmerksamkeit ist nötig, um diese Übung für Fortgeschrittene zu bewältigen. Die beiden Tennisbälle liegen zwischen zwei Röhrchen, ein labiles Gleichgewicht. Schaffe ich es zu halten, wenn ich mit der Last langsam aufstehe?

Seite 83
oben links

Wer spürt mit seine Füßen durch die Holzmöbel bis zur Wand hin? Fest drücke ich meine Sohlen an den Widerstand. So lange, bis ich mich nach hinten abdrücke und in den Raum nach hinten gleite. Noch einmal mit Schwung: Füße anlegen, abdrücken, nach hinten rutschen.

oben rechts

Und dann einmal nur ganz zart die Zehen am Widerstand andrücken. Das andere Bein holen wir zu uns her.

unten

Nicht so einfach, wie es aussieht: sich dem Boden anvertrauen. Aber nach einem langen Fußmarsch mit viel Gepäck legt sich ein Indianer-Kind gerne hin. Vielleicht spüre ich, dass mich der Boden auffängt? Wenn der Kopf weh tut, darf ich ihn auf einer Wurzel (Säckchen, Kissen) ablegen. Die Schmerzen gehen weg, ich darf sie durch die Wurzel in den Boden ableiten.

Seite 84

Den Tunnel kann ich am besten auf allen vieren bewältigen. Meine Hände und meine Knie spüren den Boden und dann die Ringe, immer abwechselnd. Wie gut, dass es kein dunkler Tunnel ist, ich kann sehen, wo dieser zu Ende ist. Hinter dem Ausgang des Reifentunnels lege ich mich auf den Rücken, damit sich Knie und Hände wieder ausruhen können.

■ ■ ■

- Dann gehen die Kinder, eines nach dem anderen, über die Schlange und treten auf ihre einzelnen Teile.
- Fragen Sie hin und wieder, wie sich alles anfühlt: die harten Kastanien, das Wasser, der weiche Ball, das glatte Stöckchen und so weiter.
- Machen Sie eine kleine Pause, in der die Kinder auf ihrer Matte sitzen und auf ihre Fußsohlen achten. Die Kinder trocknen ihre Füße langsam und aufmerksam ab.
- Wiederholen Sie den Durchgang.
- Abschluss, möglichst auf der Matte.

Tipp: Die Schlangenübung sollte in kurzen Abständen, etwa drei- viermal innerhalb einer Woche, wiederholt werden. Erfahrungsgemäß überwiegt die ersten Male der spielerische „Tumult" die Spürerfahrung, der Effekt kommt erst später.

Vorschlag 5: Der Sandmann kommt

Extra-Vorbereitung: Kirschkernsäckchen, Kastanien.
- Begrüßung
- Tobe-Übung
- Spür-Übung in Rückenlage
- Die Kinder machen die Augen zu und tun, als ob sie schlafen.
- Die Erzieherin oder Lehrkraft legt ihnen Stoffreste oder leichte Kirschkernsäckchen auf das Gesicht.
- Die Kinder dürfen diese so lange auf dem Gesicht liegen lassen, wie es ihnen gut tut.
- Ein Kind legt sich auf den Bauch, die anderen legen ihm Kirschkernsäckchen auf den Rücken. Das Kind am Boden darf raten, wie viele es sind. Hat es sie erraten, darf es sie nehmen und einem anderen Kind auflegen.
- Dann: Säckchen auf den Kopf legen oder auf das Bein.
- Abschluss

Variante 1: Statt des leichteren Kirschkernsäckchens kann man für den Rücken auch Kastaniensäckchen benutzen. Das Gefühl ist intensiver, die Säckchen können aber für kleine Kinder etwas schwer sein.
Variante 2: Die Kinder können sich die Kirschkernsäckchen auch in Partnerarbeit auflegen.

Tipp: Irgendwann fangen die Kinder meist an, mit den Säckchen etwas anderes zu machen. Sie werfen sie sich zu oder bilden Schlangen mit ihnen auf dem Rücken. Bauen Sie diese spielerischen Impulse ruhig hin und wieder ein. Nehmen Sie auf, was die Kinder einbringen. Viele Ideen der Kinder können eutonisch weiterentwickelt werden.

Vorschlag 6: Die Kinderschlange

Extra-Vorbereitung: Holzreifen oder Plastikreifen im Raum verteilen.
- Begrüßung
- Tobe-Übung
- Spür-Übung
- Die Kinder machen eine Schlange und halten einander an den Händen.
- Die Erzieherin oder Lehrkraft führt die Schlange durch den Raum. Die Schlange kommt abwechselnd schnell oder langsam voran. Sie berührt die Reifen nicht.
- Die Schlange gleitet nun über Stock und Stein: Die Kinder gehen über die Reifen, um die Reifen, in die Reifen hinein.
- Die Schlange ruht sich aus. Die Kinder lösen die Hände und nehmen sich einen Reifen mit zu ihrer Matte.
- Sie stehen nur mit den Fersen auf den Rändern des Reifens und versuchen den Druck eine Weile auszuhalten.
- Dann stehen sie nur mit den Zehen auf den Rändern.
- Fragen Sie, was angenehmer war. Wo hat etwas weh getan? Wobei hast du dich wohler gefühlt?
- Die Kinder stehen außerhalb des Reifens und hüpfen (bei größeren Reifen) hinein. Sie sollen mit beiden Füßen aufkommen.
- Abschluss auf der Matte

Vorschlag 7: Hindernis-Liegen I

Extra-Vorbereitung: Kirschkernsäckchen, mit Möglichkeit zum Anwärmen.
- Begrüßung
- Toben
- Spür-Übung
- Ausgleiten: Im Sitzen auf der Matte strecken und dehnen. Dann auf den Rücken (Seite, Bauch) legen. Die Arme neben dem Körper, nahe am Körper. Die Füße anziehen, bis die Fußsohlen fast am Po sind. Dann: Die Füße lang-

sam zurückrutschen lassen, bis die Beine wieder gestreckt auf der Matte liegen. Einige Male wiederholen.
- Die Kinder bekommen ein auf der Heizung aufgewärmtes Kirschkernsäckchen und legen es sich unter den Rücken, ein bisschen oberhalb des Pos. Bei kleineren Kindern ist hier vielleicht etwas Mithilfe nötig.
- Die Fragen und Antworten könnten etwa so aussehen (nach Claudia Schnoor, Haltungsschäden bei Kindern):
„Wie fühlt sich die Stelle an, wo das Säckchen liegt?" – „Wenn man sich bewegt, kitzelt es und drückt."
„Tut etwas weh?" – „Wenn ich mich fest drauflege."
„Tut die Wärme gut?" – „Mir ist es zu warm."
„Wohin geht die Wärme?" – „Bis in die Beine."
„Könnt ihr euch vorstellen, wie groß das Säckchen ist?" – „So groß wie mein Kopfkissen."
„Was ist los, wenn das Säckchen wieder weggenommen wird?" – „Ich meine, das Säckchen ist noch da!" „Ich finde das toll, es drückt nichts mehr."
- Anschließend Spür-Übung in Rückenlage: Am besten die Augen schließen und sich noch mal erinnern, wie es war, das Hindernis unter dem Körper zu spüren. Wo ist der Rücken jetzt besonders warm, weich, hart, leicht, schwer?
- Zum Schluss gehen alle noch einmal durch den Raum und versuchen möglichst leise zu sein und einander nicht zu berühren.
- Abschluss auf der Matte

Variante: Wenn es Ihre Gruppe zulässt, kann man hier eine Partnerübung einbauen: Die Kinder massieren sich gegenseitig den Rücken und die Rückseite der Beine mit dem Säckchen.

Tipp: Wenn die Kinder mit den Säckchen experimentieren, zum Beispiel im Raum umherwerfen, bauen Sie die Bewegung eventuell mit ein. Beispiel: Sie achten mit den Kindern auf die Geräusche, die das Werfen macht. Was ist der Unterschied, wenn es nacheinander passiert oder alle gleichzeitig werfen? Wie klingt ein einzelnes Säckchen?

Vorschlag 8: Extra-Vorbereitung: Bambusstöckchen für jedes Kind.
Antenne
- Begrüßung
- Tobe-Übung: den Raum erobern.
- Kleine Spür-Übung auf der Matte
- Die Matten werden im Halbkreis angeordnet.
- Die Kinder legen sich auf den Bauch. Die Bambusstäbe werden verteilt, für jedes Kind gibt es einen.
  Eine Hand des Kindes liegt auf dem Stab oder Stöckchen. Die Spitze zeigt in die Mitte des Halbkreises. Der Kopf des Kindes liegt auf dem freien Arm, die Augen sind verdeckt.
- Die Erzieherin oder Lehrkraft sitzt in der Mitte und bewegt einzelne Stäbe. Das Kind, dessen Stab bewegt wird, sagt „ich".
- In einem zweiten Durchlauf antwortet das Kind mit einem Geräusch oder mit einem Ton – und zwar so lange, wie es die Bewegung des Stabes spürt.
- Um zwischendurch Bewegung anzubieten, schlagen Sie eventuell die Zauberwort-Übung vor (s. S. 47).
- Abschluss: ausgiebiges Räkeln oder und Dehnen, tief ausatmen.

Variante: In der Mitte des Kreises sitzt ein Kind und bewegt die Antenne.

Vorschlag 9: Extra-Vorbereitung: Bambusstöckchen o. Ä. für jedes Kind.
Hindernis-
Liegen II
- Begrüßung
- Tobe-Übung
- Spür-Übung
- Ausgleiten (s. S. 47 und 63): Die Füße langsam zum Po anziehen und ohne Kraftanstrengung wieder nach vorn rutschen lassen. Drei- bis viermal wiederholen.
- Dann die Wirbelsäule geschmeidig machen: Die Kinder ziehen die Füße wieder an, halten die Knie mit beiden Armen fest und schaukeln nach hinten und wieder nach vorne. Ein paarmal wiederholen.
- Alle Kinder erhalten jetzt einen Bambusstab und legen ihn unter ihren Rücken, zunächst rechts der Wirbelsäule. Bei kleinen Kindern legt ihn die Erzieherin unter. Unbedingt darauf achten, dass der Bambusstab nie in der Mitte und nicht zu weit unten liegt, denn hier schmerzt er.

- Bitten Sie die Kinder das Hindernis eine Weile auszuhalten. Dann ziehen die Kinder erst das rechte, dann das linke Bein an, wie beim Ausgleiten. Die Fußsohlen bleiben immer auf der Unterlage. Stöhnen und Ächzen ist erlaubt! Bei kleinen Kindern berühren Sie am besten das Bein, das jetzt dran ist.
- Fragen Sie nach Veränderungen in der Empfindung: Ist es unangenehm, das Bein anzuziehen? Wo kann das Bein sein, damit es wieder angenehm ist?
- Dann darf der Stab herausgezogen werden. Die Kinder sollen nach Möglichkeit noch etwas liegen bleiben und das befreite Gefühl genießen. Beispiele für Fragen: Was hat weh getan? Wie fühlt sich dein Rücken an? Spürst du die Unterlage jetzt anders?
- Das Stöckchen kommt jetzt unter die linke Seite der Wirbelsäule. Auch hier die Füße im Wechsel anziehen und ausrutschen lassen.
- Die Kinder ziehen das Stöckchen heraus und bleiben ohne Hindernis liegen.
- Wer will, kann die Übung noch intensivieren: Zwei Stöckchen unter den Rücken legen. Übung wie oben.
- Abschluss mit besonders ausgiebigem Räkeln und Strecken.

Tipp: Achten Sie auf den richtigen Wechsel zwischen Ruhe und Bewegung. Leichter halten die Kinder die Stöckchen aus, wenn sie aus einer bewegten Phase heraus zur Ruhe kommen.

Vorschlag 10: Bodentennis

Extra-Vorbereitung: Bambusstab o. Ä. für jedes Kind, Tennisball.
- Begrüßung
- Toben im Raum
- Spür-Übung
- Die Kinder setzen sich zu einem kleinen Kreis zusammen, die Beine gegrätscht und einander berührend.
- Sie versuchen jetzt, mit den Zehen zueinander Kontakt zu halten.
- Jedes Kind bekommt einen stabilen Bambusstab. Es hält ihn mit beiden Händen fest.
- Ein Tennisball kommt in den Kreis, die Kinder rollen ihn einander zu, dürfen ihn aber nur mit dem Bambusstab berühren.
- Der Bambusstab kommt auf die Seite oder hinter den Rücken. Die Kinder rollen sich den Ball mit den Händen zu.

- Wir tauschen uns aus, wie sich das Spielen mit und ohne Stab angefühlt hat. War der Ball durch den Stab hindurch zu spüren oder nicht? War es schwer, mit dem Stab zu spielen?
- Abschluss auf der Matte

Tipp: Zwischendurch immer wieder mal Räkeln, Dehnen, Strecken tut den Kindern besonders bei der Übung mit den Stöckchen gut.

Vorschlag 11: Knödel machen

Extra-Vorbereitung: weiche kleine Bälle oder Holzkugeln oder Tennisbälle.
- Begrüßung
- Tobe-Übung
- Spür-Übung
- Die Kinder legen – im Sitzen auf der Matte oder im Stehen – ihre Handflächen aneinander und drücken sie fest zusammen. Dann wieder etwas nachgeben, aber die Handflächen nicht ganz voneinander lösen. Erneut fest drücken, drei- bis viermal wiederholen.
- Jedes Kind bekommt dann einen Ball in die Hand.
- Die Kinder umschließen den Ball mit beiden Händen ganz fest und lassen dann wieder etwas locker. Drei- bis viermal wiederholen.
- Fragen: Wie fühlt sich der Ball an zwischen den Händen? Was ist das für ein Material? Ein glattes (Holzkugel)? Oder ein stacheliges (Tennisball)? Was ist angenehmer anzufassen?
- Dann den Ball zwischen den Händen hin und her rollen, als ob man einen Knödel formt.
- Nun zwischen den Fingern rollen. Oder: zwischen den beiden Daumen.
- Den Ball zurücklegen. Die Kinder legen sich auf die Matte, legen die Arme locker mit den Handfläche nach oben ab.
- Fragen: Wie fühlen sich die Handflächen an? Sind sie warm? Weich? Wie fühlen sich die Finger an? Ist das Gefühl anders als vor der Ballübung? Kannst du den Ball noch fühlen, obwohl er weg ist?
- Abschluss

Variation: Einen weichen Ball so um den Handrücken rollen, dass der Handrücken ganz umwunden wird, wie bei einer Bandage.

Tipp: Die Übung kann für kleine Kinder und für Eutonieanfänger ein bisschen anstrengend sein. Lockern Sie den Ablauf eventuell auf durch kleine Bewegungseinheiten, z.B. den Ball mit dem Fuß wegrollen, quer durch den Raum rollen und so weiter.

Vorschlag 12: Kerze anzünden

Extra-Vorbereitung: Tennisbälle, dicke Bambusstäbe für jedes Kind.
- Begrüßung
- Tobe-Übung
- Spür-Übung
- Die Kinder bekommen jeweils einen dicken Bambusstab. Sie tasten ihn mit geschlossenen Augen ab.
- Fragen: Was habt ihr gespürt? Wie hat sich das angefühlt, kalt, glatt, angenehm, unangenehm?
- Augen wieder schließen, erneut abtasten: Fragen Sie dann, wie viele verdickte Stellen der Stab hat.
- Die Kinder gehen zu zweit zusammen. Jedes Paar bekommt einen Tennisball zu seinem Stab dazu. Das eine Kind balanciert den Tennisball auf dem Bambusstab und versucht ihn auf den Stab des anderen Kindes zu rollen. Das übernimmt dann den Ball mit seinem Stab: „Die Kerze ist angezündet." Helfen mit der anderen Hand ist erlaubt.
Auch wenn bei kleinen Kindern der Ball oft über den Rand rollen wird: Schon der Versuch trainiert die Koordination und Konzentration. Jedes Kind sollte zwei- bis dreimal an die Reihe kommen.
- Abschluss

Vorschlag 13: Fußball

Extra-Vorbereitung: kleiner weicher Ball, eventuell der in der Vorbereitung entstandene Tonpapierabdruck vom eigenen Fuß (vgl. S. 42).
- Begrüßung
- Tobe-Übung
- Spür-Übung
- Die Kinder stehen auf der Matte, bekommen jeweils einen Ball und rollen ihn langsam über die Fußsohle. Mit dem rechten Fuß beginnen.
- Benennen Sie die Ferse, die Zehen, den Außenrand. Zeigen Sie den Kindern, wo der Ballen ist.

- Wenn Sie den Tonpapier-Abdruck von der Vorbereitungsübung bei Hand haben: Zeigen Sie die Ränder, den Ballen. Erklären Sie, wo die Wölbung ist, mit der wir normalerweise nicht auftreten (Ausnahme: Plattfuß).
- Intensivierung: Die Kinder rollen den Ball unter der Fußsohle hin und her und heben dabei das freie Bein etwas vom Boden weg. Lassen Sie die Kinder kommentieren, was sie spüren, wo es vielleicht weh tut.
- Danach: Auf der Matte ausruhen, kurze Bestandsaufnahme: Kribbelt der Fuß? Spüre ich, wo meine Ferse ist oder wo der Fuß hochgewölbt ist? Spüre ich Luft zwischen Fuß und Matte? Wie geht es meinen Zehen?
- Zeigen Sie den Tonpapierabdruck und lassen Sie die Kinder sagen, welchen Teil des Fußes sie besonders gut fühlen. Machen Sie einen neuen Fett-Abdruck mit den Kindern.

Vorschlag 14:
Dicker Mann

Extra-Vorbereitung: große Bälle.
- Begrüßung
- Tobe-Übung
- Spür-Übung
- Immer zwei Kinder bekommen einen Ball. Sie klemmen ihn zwischen ihre Bäuche. Abwechselnd gibt immer ein Kind an, wohin die Richtung geht.
- Dann den Ball zwischen den Brustkorb legen. Zwischen die Oberschenkel. Rücken an Rücken. Beziehen Sie die Ideen der Kinder mit ein.
- Spiel: Wenn der Ball runterfällt, müssen beide Kinder auf einem Bein bis zur Tür hüpfen.
- Abschluss auf der Matte

Vorschlag 15:
Ton-Modelle

Berühren von Ton oder Plastilin oder anderer Knetmasse ist ein besonders intensives Spürerlebnis. Wie sehr sich das Körperbild im Laufe eutonischen Arbeitens ändert, ist an dieser Modellier-Einheit gut zu beobachten. Beim ersten Mal sind die einzelnen Körperteile oft eher vage gestaltet, manchmal fehlt der Zusammenhang. Die Proportionen, Form, Oberfläche werden nach mehreren Wiederholungen oft erstaunlich harmonisch.
Extra-Vorbereitung: Ton oder Plastilin.
- Begrüßung
- Tobe-Übung

- Spür-Übung
- Jedes Kind bekommt eine Kugel aus Plastilin oder Ton. Lassen Sie die Kinder ruhig eine Weile experimentieren.
- Fragen Sie, wie das Material sich anfühlt. Glatt? Kalt? Warm?
- Dann drückt jedes Kind mit jedem Finger eine Delle in die Oberfläche. Fragen: Mit welchem Finger ging es am besten? Welcher machte die meisten Schwierigkeiten?
- Bitten Sie die Kinder ihr eigenes Abbild aus Knetmasse oder Ton zu formen.
- Abschluss

Übungskreis II: Spüren – Berühren – Kontakten

„Wenn ich einen Menschen berühre, berühre ich seine Persönlichkeit."
(Elisabeth Fohrler, Eutoniepädagogin in der Schweiz)

Das Berühren und eutonische Kontakten des eigenen Körpers, der anderen Kinder oder des Materials hat oft überraschende Wirkungen: Allein schon dadurch, dass ein Teil des Körpers bedacht wird, können sich bereits Blockaden und Spannungen lösen. Aktives Berührungs- und Kontakttraining kann sogar Schmerzen lindern. Zum Training der Konzentrationsfähigkeit und für besseres Einschlafen sind die sogenannten Übungen am geschlossenen Kreis besonders geeignet.
Beispiel: Hände oder Füße werden ganz leicht aneinander gelegt. Bald spürt man Wärme und kann vielleicht sogar einen guten Energiefluss wahrnehmen. Mit nur wenig Training werden beide Hände wie eine wohltuende Einheit empfunden. Die kleine Übung bringt schnell Ruhe und Konzentration. Nicht zufällig ist das Aneinanderlegen der Hände eine typische Haltung beim Beten.
Bei allen Berührungs- und Spür-Übungen ist es wichtig, den Kindern vorher ausreichend Gelegenheit zu geben herumzutollen. Ein paar Minuten in Ruhe würden die Kinder sonst schnell überfordern. Achten Sie auch darauf, mit den Kindern öfter mal Unterbrechungen einzubauen, in denen sie sich nach anstrengender Spürarbeit wieder austoben können.
Räkeln und Strecken, bisher eher nebenbei gemacht, bekommen beim Thema Spüren und Berühren besondere Aufmerksamkeit. Es sollte, zum Abschluss oder

auch zwischendurch, intensiv und bewusst ausgeführt werden. Nach dem intensiven Strecken fragen Sie z. B.: Wenn du dich jetzt streckst, was streckst du? Welche Teile deines Körpers kannst du nicht strecken? Was macht dein Bein, wenn du die Zehen ganz nach vorne streckst? Kannst du die Finger extra strecken?

Zu Beginn ist es sinnvoll, mit den Kindern noch einmal an ihrem Körperbild zu arbeiten (s. S. 41 und S. 45 ff.). Für ganz kleine Kinder kann das einfach bedeuten, dass die Erzieherin oder Lehrkraft einzelne Körperteile berührt oder sie abklopft.

Eine weitere Möglichkeit: Die Kinder legen sich auf lange Papierbahnen. Die Erzieherin zeichnet die Körperumrisse jedes Kindes nach. Die grobe Struktur wird nachher von allen und bei jedem Bild eingehend betrachtet.

Berühren und Kontakt

Berühren und Kontakt sind wesentliche Begriffe für eutonisches Arbeiten. Die **Berührung** zeigt uns die Grenzen unseres Körpers auf, wir erfahren unsere Körperform. Berühren heißt Tasten, Greifen, Drücken. Es bedeutet aber auch das Bewusstmachen von Form, Temperatur und Oberflächenbeschaffenheit unserer Umwelt. Ich kann aktiv berühren oder passiv berührt werden. Die Berührung ist ein Vorgang, den wir an der Peripherie unseres Körpers zuerst wahrnehmen. Die Empfindung unserer Haut spielt deshalb eine große Rolle.

Kontakt bedeutet in der Eutonie bewusst die Grenzen des eigenen Körpers zu überschreiten. Durch die äußere Begrenzung hindurch nehmen wir Kontakt auf: mit dem Boden, mit Geräten, mit Materialien, aber auch mit anderen Lebewesen. Wer kontaktet, berührt etwas nicht nur an der Oberfläche, sondern in all seiner Tiefe. Er wird dadurch – wie ein guter Musiker mit seinem Instrument oder ein guter Handwerker mit seinem Werkzeug – eine Einheit mit dem, was er berührt.

Kontakt kann geübt werden, z. B. so: Wir legen einen Tennisball unter den Rücken und versuchen durch ihn hindurch zum Boden zu spüren. Oder: Wir stehen barfuß auf dem Boden. Dann legen wir unter einen Fuß einen Tennisball und treten darauf. Wenn wir ihn wieder weglegen, ist der zunächst leichte Kontakt zum Untergrund spürbar fester, tiefer und sozusagen durchgehender geworden als vor der Ballübung.

Vorschlag 1: Den Körperrand formen

Extra-Vorbereitung: weiche Bälle, Seile für jedes Kind.

- Begrüßungsritual: Alle ziehen die Schuhe aus, Socken an, gehen zu ihrer Matte, begrüßen sich, ein Gong ertönt.
- Tobe-Übung: Alle rennen durch den Raum und versuchen möglichst viel Krach zu machen. Zweite Runde: Alle versuchen ganz wenig Krach zu machen. Dritte Runde: Alle stampfen durch den Raum.
- Kurze Spür-Übung, etwa Räkeln im Sitzen oder Liegen. Fragen: Was liegt besonders auf? Spürst du den Hinterkopf, den Rücken, die Ferse? Wie fühlt sich die Unterlage an?
- Die Kinder gehen zu zweit zusammen. Das eine Kind legt sich in Bauchlage auf den Boden.
- Das andere rollt zunächst mit einem Softball die Körperkonturen des liegenden Kindes ab. Lassen Sie möglichen Trubel und Ideen der Kinder eine begrenzte Zeit zu. Jedes Kind sollte aber am Schluss einmal gerollt haben und einmal abgerollt worden sein. Helfen Sie notfalls mit.
- Dann legt das aktive Kind ein Seil um die Körperumrisse des ruhenden Kindes.
- Das liegende Kind steht vorsichtig auf ohne das Seil zu berühren. Alle Kinder schauen jetzt gemeinsam die Seil-Formen auf dem Boden an.
- Dann ist das andere Kind an der Reihe und legt sich auf den Boden.
- Die Kinder legen sich in Rückenlage in „ihre" Form und bemerken Unterschiede.
- Die Kinder stehen auf und gehen oder hüpfen durch den Raum ohne die Formen zu berühren.
- Die Kinder legen sich dann in die Formen der anderen und beobachten die Unterschiede.
- Abschluss auf der Matte mit ausgiebigem Räkeln. Tief ausatmen, verabschieden.

Tipp: Natürlich geht hin und wieder eine „Form" kaputt. Das kann schnell wieder repariert werden. Das betroffene Kind darf sich einfach noch einmal hinlegen und wird neu „geformt".

**Vorschlag 2:
Körper-
Ordnung
schaffen**

Die folgende Einstiegsübung ist sehr schön für Kinder, die schon ein bisschen Erfahrung mit dem Zeichnen des menschlichen Körpers haben.
Extra-Vorbereitung: große Kartonstücke oder Papierrollen.

- Die Kinder bekommen je ein großes Stück Karton oder eine lange Papierbahn. Ein Kind legt sich auf das Papier, das andere fährt mit einem weichen Stift, am besten mit Wachsmalkreide, die Umrisse nach. Die Bilder werden gemeinsam angesehen und durchgesprochen.
- Die Kinder legen sich auf die Matte und ruhen kurze Zeit aus. Die Position soll angenehm sein. Wer will, kann die Augen zumachen.
- Die Kinder achten auf Geräusche innerhalb und außerhalb des Raumes. Auch Geräusche des eigenen Körpers werden registriert (Magenknurren, Schlucken, Räuspern).
- Die Kinder machen eine kurze Bestandsaufnahme. Welcher Teil des Körpers liegt am Boden auf? Welcher liegt besonders schwer da? Kann ich spüren, welcher nicht den Boden berührt? Wie fühlt sich mein Hinterkopf an? Wie meine Körpermitte? Was macht die Ferse? Tut etwas weh? Welchen Körperteil spüre ich intensiv, welchen weniger intensiv?
- Räkeln, Strecken, Dehnen. Die Kinder stehen langsam auf.
- Jeder holt sich sein Körperbild und bekommt jetzt einen andersfarbigen Wachsmalstift.
- Mit der neuen Farbe werden jetzt im Körperbild die Körperbereiche eingezeichnet, die das Kind besonders gut gespürt hat.
- Die einzelnen Körperteile werden von Erzieherin oder Lehrkraft noch einmal grob benannt: Kopf, Hals, Arme, Hände, Brust, Bauch, Rücken, Beine, Füße.

Durch dieses „Inventarisieren" der einzelnen Teile gliedert sich das Körperbild der Kinder immer klarer. Ziel ist ein möglichst vollständiges Bild vom eigenen Körper.

Wiederholen Sie die Übung nach einigen Eutonie-Einheiten und bewahren Sie das erste Körperbild nach Möglichkeit auf. Die Kinder können mit eigenen Augen sehen, wie sie durch dieses Training immer mehr Körperstellen erspüren können. Das Körperbewusstsein hat sich spielerisch erweitert.

Vorschlag 3: Farbenspiel

Extra-Vorbereitung: eine Decke für jedes Kind.
- Begrüßung
- Tobe-Übung
- Spür-Übung
- Die Kinder setzen sich auf ihre Wolldecke und stellen sich vor, sie sei voller Farbe. Jedes Kind sagt jetzt, wie „seine" Farbe aussieht.
- Dann darf jedes Kind durch Drehen und Wälzen auf der Decke den ganzen Körper von der Nasenspitze über die Ohren und Kniekehlen bis zu den Zehen mit seiner „Farbe" bedecken. Lassen Sie den Kindern ruhig Zeit.
- Jedes Kind darf sich der Reihe nach von einem anderen Kind in dessen Farbe „anmalen" lassen. Das Kind bestimmt selbst, wo es angemalt werden will: Gesicht, Beine, Fußsohle.
- Die Kinder malen selbst ihre Fußsohlen extra stark an und hinterlassen „Spuren", wenn sie durch den Raum gehen.
- Abschluss: Im Liegen oder Stehen auf der Matte, mit ausgiebigem Räkeln oder Strecken, tief ausatmen, verabschieden.

Vorschlag 4: Waschtag

Extra-Vorbereitung: Decke, Ball und andere, verschiedene Materialien.
- Begrüßung
- Tobe-Übung
- Spür-Übung
- Unter der Decke sind verschiedene Materialien versteckt. Jedes Kind zieht ein Ding heraus.
- Dann „wäscht" es sich auf seiner Matte damit die Hände, wie mit einer Seife. Dann wäscht es die Füße, die Haare, den Bauch. Die Kinder können sich gegenseitig den Rücken waschen. Die Kinder berühren sich selbst mit der Seife an verschiedenen Körperstellen.
- Die Kinder setzen sich auf die Matte und beschreiben, wo sie am liebsten „gewaschen" wurden.
- Schließen Sie mit einer bewegten Übung ab, eventuell der Autowaschanlage, wenn diese den Kindern schon bekannt ist (Modellübung 2, S. 60).
- Auf der Matte tief ausatmen, verabschieden.

Vorschlag 5:
Lasten tragen

Extra-Vorbereitung: Holzkugeln oder Kirschkernsäckchen o. Ä.
- Begrüßung
- Tobe-Übung
- Spür-Übung
- Die Kinder liegen in Bauchlage auf der Matte. Der Kopf ist dabei auf den Armen abgelegt, die Augen blicken nach unten auf die Unterlage.
- Die Erzieherin oder Lehrkraft legt den Kindern ein bis vier Holzkugeln oder Kirschkernsäckchen auf den Rücken.
- Die Kinder spüren den Druck und die Berührung durch das Material. Die Erzieherin oder Lehrkraft macht folgende Ansage:
  Jedes Kind, das zwei Kirschkernsäckchen auf dem Rücken hat, nimmt sie weg, steht auf und verteilt sie auf die anderen Kinder.
  Dann: Jedes Kind, das vier Kugeln spürt …
  Dann: Wer spürt keine Kugel/kein Kirschkernsäckchen? Der darf sich von einem anderen Rücken eine/eines holen.
- Lassen Sie die Kinder ruhig eine begrenzte Zeit experimentieren, wenn sie mit den Kugeln oder Säckchen ihre eigenen Vorstellungen haben.
- Auf der Matte sitzend können die Kinder dann erzählen, wie viel Belastung angenehm war und wie viel nicht. Wo sie den Druck am meisten gespürt haben. Wie das Gefühl war, als der Druck weg war.
- Abschluss mit intensivem Räkeln und Dehnen, tief atmen, verabschieden.

Variante 1: Die Kinder spüren die Kugeln oder Säckchen und lokalisieren sie am Körper. Die Ansage lautet dann: Jedes Kind, das ein Säckchen auf dem Bein hat, steht auf und gibt es einem anderen.
Dann: auf der Schulter, auf dem Ellbogen usw.
Variante 2 (im Anschluss an Variante 1): Die Kinder sitzen und machen diejenigen Stellen an ihrem Körper ausfindig, die noch nicht von einem Säckchen oder einer Kugel berührt worden sind. Diese werden ganz fest massiert, mit einem Ball oder einem Säckchen.

Tipp: Die Kirschkernsäckchen sind am Anfang oft besser zu spüren als Kugeln und die Kinder werden von ihnen nicht ganz so leicht abgelenkt.

Vorschlag 6: Festen Boden unter den Füßen bekommen I

Fußarbeit ist ein Grundelement der Eutonie. Ein wirklich guter Kontakt mit dem Boden ist erst durch bewusste Arbeit mit den Füßen zu bekommen. Lebendige, aufgeweckte Füße spüren die tragfähige Verbindung mit dem Boden. Ein eutonisch geübter Fuß kann den Körper deshalb wieder in ein stabiles Gleichgewicht bringen.

Extra-Vorbereitung: eventuell kleine Bälle.

- Begrüßung
- Tobe-Übung
- Spür-Übung
- Räkeln und Strecken, die Kinder wechseln – nach Ihrer Ansage – zum Sitzen.
- Die Kinder ziehen ihre Socken aus und betasten ihre Fußunterseite. Sie dürfen kneten, klopfen, streichen. Angefangen wird mit dem rechten Fuß, dann kommt der linke dran.
- Dann folgt die Untersuchung nach Ansage: Bitten Sie die Kinder, jetzt den Fußrändern zu folgen. Sie fahren mit den Fingern so schnell wie ein Auto auf einer Autobahn. Dann ganz langsam wie ein Schnecke über die Haut. Zum Schluss über den ganzen Fuß kneten, als ob er Knetgummi wäre.
- Dann stehen oder sitzen die Kinder auf ihrer Matte und erzählen, wie sich der behandelte Fuß anfühlt. Welcher Fuß steht fester auf dem Boden? Welcher ist wärmer? Ist ein Fuß vielleicht weicher?
- Es folgt das Bearbeiten des linken Fußes. Die Kinder stehen auf und vergleichen ihr Fußgefühl mit dem Gefühl vorher.
- Erweitern: Jedes Kind rollt seinen Fuß auf einem kleinen Ball ab. Rechts anfangen. Nach jedem Fuß die Kinder nach ihren Beobachtungen fragen: Was haben sie gespürt, was ist anders als mit der Hand?
- Abschluss mit Räkeln und Dehnen im Stehen. Zum Abschied tief durchatmen, den Kopf durchhängen lassen, wieder aufrichten. Verabschieden.

Variante: Die einzelnen Zehen durchtasten, von oben bis unten, Vorder- und Rückseite. Die Zehen in die Zange nehmen, krümmen, strecken.

**Vorschlag 7:
Festen Boden
unter den
Füßen
bekommen II**

Extra-Vorbereitung: Kastanienschläuche oder -säckchen.
- Begrüßung
- Tobe-Übung
- Spür-Übung
- Räkeln und Strecken, die Kinder wechseln – nach Ihrer Ansage – zum Sitzen.
- Die Kinder ziehen ihre Socken aus und betasten ihre Fußunterseite. Sie dürfen kneten, klopfen, streichen. Angefangen wird mit dem rechten Fuß, dann kommt der linke dran.
- Dann folgt die Untersuchung nach Ansage: Bitten Sie die Kinder, jetzt den Fußrändern zu folgen. Sie fahren mit den Fingern so schnell wie ein Auto auf einer Autobahn. Dann ganz langsam wie ein Schnecke über die Haut. Zum Schluss über den ganzen Fuß kneten, als ob er Knetgummi wäre.
- Jedes Kind holt sich zwei Kastaniensäckchen oder -schläuche, stellt sich auf die Matte und legt einen Sack zunächst unter den rechten Fuß. Die Kinder spüren den Druck der Kastanien.
- Fragen Sie, wie sich das anfühlt. Wie sich der Fuß ohne Säckchen anfühlt. Was der Kastanien-Fuß macht, wenn sich der andere ein wenig von der Matte hebt.
- Dann stehen die Kinder mit beiden Füßen auf den Säckchen. Fragen und Antworten könnten etwa so aussehen (nach Claudia Schnoor, Haltungsschäden bei Kindern):
  „Spürt ihr die Kastanien? Könnt ihr kleine und große unterscheiden? Wie fühlt sich das Stehen jetzt an?" – „Es prickelt und sticht."
  „Wie weit seid ihr vom Boden entfernt?" – Die Kinder zeigen den Abstand mit den Händen.
  „Wo tut es am meisten weh, wo weniger?" – „In der Mitte!"
- Die Kinder steigen von den Säckchen herunter und gehen ein paar Schritte durch den Raum, bis sie wieder an der Matte ankommen. Fragen Sie dort: „Wie fühlen sich die Füße jetzt an?" – „Das Gehen ist ganz leicht." Der Fußboden ist weicher geworden." „Ich stehe fester." „Die Matte fühlt sich dicker an."
- Abschluss: Arme und Beine gut durchschütteln, Strecken und Dehnen, tief ausatmen, verabschieden.

Vorschlag 8: Fußsohlen spüren

Die Übung ist für Kinder geeignet, die schon einige Erfahrung in der Eutonie haben. Das Spüren wird intensiver gemacht durch die großen, schweren Kastanien. Außerdem wird jetzt mehr Vorstellungskraft gefordert. Wer geübt ist, kann durch diese Übung allerdings hervorragend lernen, Nervosität, Unruhe und sogar Schmerzen sozusagen an den Boden abzugeben.
Extra-Vorbereitung: Kastaniensäckchen.

- Begrüßung
- Tobe-Übung
- Spür-Übung
- Auf der Matte stehen, jedes Kind bekommt ein Kastaniensäckchen.
- Die Füße stehen etwa hüftbreit auseinander auf den Säckchen. Fragen Sie: Wo sticht es? Wo drückt es? Wo fühle ich die Kastanien besonders stark, wo kaum? Wie weit bin ich vom Boden weg?
- Fragen Sie weiter: Wenn ich länger auf den Kastanien stehe, tut es weh. Kann ich mir vorstellen, ich leite den Schmerz weiter in den Boden?
- Machen Sie mit den Kindern eine Pause, die Füße stehen neben den Säckchen. Fragen Sie, wie sich der Fuß, die Unterlage jetzt anfühlen.
- Die Kinder spüren jetzt die Außenseite ihrer Füße durch das Säckchen. Dann die Ferse bedenken, zuletzt die Zehen.
- Dann auf den Säckchen leicht hin und her schaukeln. Fragen Sie: Was spüre ich jetzt auf meiner Fußunterseite? Was ist anders als am Anfang? Wo sticht es jetzt? Oder kitzelt etwas? Wie weit fühle ich mich vom Boden weg?
- Die Kinder ruhen jetzt auf der Matte. In Rückenlage oder im Sitzen. Besprechen Sie das Nachgefühl: Was ist jetzt mit den Füßen los? Sind sie warm, kalt, weich, hart? Schwer oder leicht?
- Abschluss mit intensivem Räkeln. Auch Bewegung durch den Raum ist möglich, tief atmen, verabschieden.

Tipp: Die Kinder haben manchmal ihre eigenen Ideen, was mit den Kastaniensäckchen geschehen soll, vor allem nach einer ausführlichen Spür-Übung. Lassen Sie Wurf- oder Kickspiele ruhig eine begrenzte Zeit zu, erweitern Sie sie vielleicht sogar zu einer Übung: Kicken mit der Sohle, dann mit der Ferse, dann nur mit den Zehen.

Vorschlag 9:
Druck-Punkte I

- Begrüßung
- Tobe-Übung
- Ausgiebiges Spüren
- Die Kinder bleiben auf der Matte liegen und ziehen die Füße langsam an – wie von einem Faden gezogen. Sanft, ohne Ruck und ohne viel Kraftaufwand.
- Dann heben sie das rechte Bein und legen es auf dem Knie des anderen, linken Beines ab. Das Knie drückt nun auf die rechte Wade. Bei kleineren Kindern müssen Sie vielleicht mithelfen.
- Eine Weile den Druck spüren lassen, dann verstärken die Kinder, so fest sie können, den Druck von der Wade auf das Knie. Loslassen. Nachspüren. (Bei Erwachsenen gilt übrigens für diese Übung: Nicht anwenden bei bestehenden Krampfadern! Sie kann aber helfen, deren Entstehen zu verhindern.)
- Wiederholen mit dem linken Bein. Beine kräftig in der Luft ausschütteln.
- Dann den Druck auf den Bauch spüren: Die Kinder ziehen die Beine an, so weit sie können. Die Knie sind jetzt in der Nähe des Kinns. Die Arme umfassen die Beine.
- Fragen Sie: Kannst du noch so atmen wie bisher? Was ist anders? Drückt etwas in deinem Bauch? Fühlt sich dein Bauch hart oder weich an?
- Bitten Sie die Kinder, den Druck der Beine auf den Bauch noch etwas zu verstärken. Die Arme helfen dabei.
- Dann langsam die Beine wieder aufstellen und langsam abrutschen, bis die Beine wieder gerade auf der Matte liegen.
- Fragen Sie: Wie atmest du jetzt? Tiefer, leichter, schwerer? Wie fühlt sich dein Bauch ohne Last? Was machen deine Beine?
- Abschluss mit intensivem Räkeln, tief atmen, verabschieden.

Variante: Fußarbeit (statt Bauchübung)
Die Kinder liegen mit dem Rücken auf der Matte. Die großen Zehen drehen langsam nach außen. Die Ferse drückt dabei fest in den Boden. Dann drehen die großen Zehen nach innen, so weit es geht. Die Ferse drückt fest auf den Boden.

Tipp: Manche Kinder liegen gern auf der Seite, wenn sie die Beine angezogen haben. Das ist möglich. Achten Sie darauf, dass trotzdem ein leichter Druck auf den Bauch ausgeübt wird.

- Begrüßung
- Tobe-Übung
- Spür-Übung
- Die Kinder üben sitzend den „geschlossenen Kreis": Beide Handflächen dazu fest aneinander drücken. Ein paar Sekunden halten, dann loslassen.
- Erneut aneinander legen. Diesmal ganz leicht. Ein paar Sekunden halten. Fragen Sie: Spürt ihr die Wärme zwischen den beiden Handflächen? Könnt ihr genau sagen, wo die rechte und wo die linke Hand ist? Ist das Aneinanderdrücken angenehm oder unangenehm?
- Die Kinder sitzen auf der Matte und drücken jetzt die Fußsohlen aneinander. Erst fest, ein paar Sekunden halten, dann loslassen. Dann leicht drücken, halten, loslassen. Eventuell Fragen zum Fußempfinden. Erfahrungsgemäß fällt das Anworten hier den Kindern schwerer als bei den Händen.
- Abschluss

Vorschlag 10: Druck-Punkte II

Zur Eutonie gehört auch, das Knochengerüst des Körpers kennen zu lernen. Die Eutonie zeigt, wie wir es spüren können. Das Gerüst ist wichtig, weil es uns hält. Wir können es überfordern oder unterfordern.
Die Kinder müssen übrigens nicht unbedingt den Knochenzusammenhang theoretisch kennen, sie erspüren ihn – überraschend präzise.

- Begrüßung
- Eine ausgiebige Tobe-Übung ist sinnvoll, weil von den Kinder hinterher ein gerüttelt Maß Ruhe verlangt wird. Zum Beispiel: Wir sind im Zoo und jedes Kind ist ein anderes Tier. Wie geht ein Löwe, wie klingt er? Krokodil?
- Spür-Übung
- Jetzt können Sie das Knochengerüst spürbar machen: Beginnen Sie mit dem Kopf. Wie liegt der Hinterkopf auf? Rolle den Kopf langsam hin und her. Kannst du jetzt die Form des Kopfes spüren?
- Dann: Unterkiefer lockern und auf und ab bewegen. Den Kinder fällt diese Ansage oft schwer. Sagen Sie einfach, sie sollen weich kauen, als ob sie Grießbrei im Mund hätten. Schlucken ist erlaubt, das lockert Kehlkopf und Rachenraum.
- Die Kinder setzen sich jetzt auf und beginnen mit dem Abklopfen. Die Richtung führt hier von unten nach oben. Die Kinder beginnen mit ihren offenen

Vorschlag 11: Den Körper abklopfen

Handflächen zuerst die Beine abzuklopfen. Achten Sie darauf, dass das nicht zu energisch passiert. Vor allem am Schienbein, wo wenig Muskeln sind, kann es schnell schmerzen. Eventuell klopfen Sie die Kinder selbst der Reihe nach ab.
- Genauso werden jetzt die Arme abgeklopft: Erst rechts, dann links.
- Dann der Brustkorb.
- Der Kopf kommt auch an die Reihe, aber ganz zart und nur mit den Fingerspitzen. Zeigen Sie eventuell zuerst, wo jeder seine Fingerspitzen hat. Dann die Hinterkopfschale abtasten, die Stirn, die Knochen im Gesicht.
- Erlaubt es der Status der Gruppe, können sich die Kinder gegenseitig den Rücken abklopfen. Sie sollten aber alle gut im Auge behalten können.
- Ganz wichtig bei dieser Übung: Genug Zeit zum Ruhen auf der Matte mit der Möglichkeit zum Nachspüren geben.
- Zum Abschluss: intensives Räkeln und Strecken. Stöhnen und Ächzen erlaubt.

Tipp: Achten Sie darauf, dass die Kinder beim Abklopfen offene Hände haben und sie nicht zur harten Faust ballen.

Vorschlag 12: Extra-Vorbereitung: Bambusstäbchen.
Die Knochen
- Begrüßung
spüren
- Tobe-Übung
- Spür-Übung
- Die Kinder liegen in einer ihnen bequemen Position auf dem Rücken. Die Erzieherin oder Lehrkraft legt jedem einen Bambusstab unter einen Arm. Dann wird er wieder weggelegt. Fragen Sie, was das für ein Gefühl war mit dem Stab unter dem Arm. Wie fühlt sich die Stelle jetzt an, wo der Stab die Haut berührt hat? Dann unter den anderen Arm legen.
- Dann erst unter die rechte, dann unter die linke Hand legen. Dann unter die Waden legen, erst rechts, dann links. Dann unter die Schulter, erst rechts, dann links.
- Die Kinder legen sich dann selbst den Stab dahin, wo sie ihn spüren mögen.
- Ohne Stab eine Weile nachspüren. Fragen Sie: Wo ist mein Körper warm? Leicht? Schwer? Kann ich irgendwo noch spüren, wo der Stab gelegen hat?
- Abschluss mit intensivem Räkeln und Strecken. Ausatmen, verabschieden.

Variante: Jedes Kind versucht, mit dem Bambusstab abzuklopfen, wo im Körper Knochen sind. Zwei Möglichkeiten: Mit dem Bambusstab vorsichtig überall klopfen oder sich auf den Stab legen.

Vorschlag 13: Wirbelsäule sanft tasten und ein Päckchen werden

Die Übung ist für Kinder geeignet, die schon Partnerarbeit machen können. Beim Spüren geht es jetzt um möglichst sanfte Berührung, bitte kein Klopfen mehr.
- Begrüßung
- Tobe-Übung
- Spür-Übung
- Die Kinder sitzen auf der Matte und gehen zu zweit zusammen. Sie tasten sich von oben nach unten an der Wirbelsäule ab und versuchen, möglichst viele Wirbel (kleine Kinder verstehen „Knubbel" vielleicht besser) herauszufinden. Wechseln. Wiederholen.
- Dann legen sich alle wieder flach auf die Matte. Kontakt mit dem Boden abfragen.
- Die Kinder ziehen die Knie an den Bauch, umfassen die Knie mit den Armen und rollen nach hinten, über die Wirbelsäule. Sie dürfen schaukeln, drehen, aber alles eng zusammengeschnürt, wie ein Päckchen. Dann entfalten sie sich langsam.
- Nachspüren auf der Matte. Wie fühlt sich jetzt die Unterlage an? Der Rücken?
- Abschluss mit intensivem Räkeln und Strecken.

Vorschlag 14: Luft spüren

Extra-Vorbereitung: eventuell Föhn.
- Begrüßung
- Tobe-Übung
- Ausführliches Spüren, gründlich die Kontaktpunkte des Körpers zum Boden ansprechen.
- Dann die Spür-Übung variieren: auf der Seite oder auf dem Bauch.
- Die Kinder stehen langsam auf, begleitet von Räkeln und Dehnen, und bleiben auf der Matte.
- Fragen Sie: Was berühre ich jetzt? Gibt es etwas, was mein Gesicht, meine Hand, meinen Bauch berührt? Helfen Sie den Kindern auf die Sprünge, indem Sie Luft spürbar machen. Zum Beispiel durch Luftzug. Machen Sie Fenster

und Türen auf. Oder einige Kinder pusten ein Kind an. Oder Sie schalten einen Föhn (nur erste Stufe, also lauwarm) an.
Fragen Sie: Wie fühlt sich die Luft an? Ist sie dick? Dünn? Warm? Kalt? Gefällt es meinem Gesicht, wenn Luft kommt?
Was machen meine Augen?
- Gehen Sie mit den Kindern, wenn möglich, nach draußen. Wie fühlt sich jetzt die Luft an meinem Gesicht, an meinen Händen, eventuell Beinen, an?
- Abschluss draußen eventuell mit Ausatmen und Gong oder Klingel.

Vorschlag 15: Stoff spüren

Ähnlich wie die Luft umgibt uns auch die Kleidung fast ständig. Wir nehmen sie deshalb kaum mehr wahr. Trotzdem beeinflusst sie uns und andere. Farben und Stoffqualität spielen dabei eine Rolle. Es ist deshalb interessant, ein paar Gedanken auf dieses alltägliche Material zu richten.
Extra-Vorbereitung: eventuell Föhn.
- Begrüßung
- Tobe-Übung
- Ausführliches Spüren, gründlich die Kontaktpunkte des Körpers zum Boden ansprechen.
- Dann die Spür-Übung variieren: auf der Seite oder auf dem Bauch.
- Die Kinder stehen langsam auf, begleitet von Räkeln und Dehnen, und bleiben auf der Matte.
- Fragen Sie die Kinder, was sie heute anhaben. Lassen Sie die Kinder ihre Kleidung etwas beschreiben. Fragen Sie, warum wir Kleidung tragen.
- Lenken Sie die Gedanken zunächst auf die Haut. Fragen Sie: Wo berührt dein Pulli, T-Shirt, Sweatshirt deine Haut? Kannst du das spüren? Wie fühlt sich der Stoff auf deiner Haut an? Ist er glatt? Weich? Pikst etwas?
- Wo ist kein Stoff? Was fühlst du da? Ist es kalt? Luftig? Hättest du gern mehr oder weniger Kleidung?
- Öffnen Sie eventuell ein Fenster und lassen Sie die Veränderungen durch den Luftzug kommentieren. Sprechen Sie die schützende Funktion der Kleidung an.
- Die Kinder verändern ihre Kleidung, sie ziehen eine Weste an, Strümpfe aus. Oder: Einen Schal umlegen. Fragen Sie jetzt nach den Unterschieden. Fühlt sich die Haut wärmer oder kälter an?

- Eventuell machen Sie erneut durch einen Luftzug oder Föhn die Luft spürbar. Was tut jetzt die Kleidung? Was ist angenehm?
- Abschluss auf der Matte, mit intensivem Räkeln oder Strecken. Atmen, verabschieden. Eventuell Gong oder Flötenton.

Übungskreis III: Bewegung

Vor allem sechs Bereiche sind es, die durch eutonische Bewegungsübungen trainiert werden: der Tastsinn, die Aufmerksamkeit, die Kontaktfähigkeit, das Orientierungsvermögen, das Zusammenspiel von Festhalten und Loslassen und natürlich die Motorik.

Auch hier gilt: Die Übungen können (und sollen) individuell erweitert, verkürzt und mit Übungen aus den anderen Einheiten kombiniert werden. Die Orientierung im Raum wird durch spezielle Übungen, wie Wurfübungen oder Rollen von einer Zimmerecke zur anderen, verbessert. Das Kind lernt Entfernungen abzuschätzen, die eigene Kraft einzuteilen und schließlich auch Handlung und Vorstellung in Einklang zu bringen.

All das fördert nicht nur die persönliche Entfaltung, sondern erleichtert auch ganz konkrete Dinge des Alltags, wie z.B. auch das Erlernen grundsätzlicher schulischer Fertigkeiten wie Rechnen und Schreiben.

Ein besonderes Augenmerk richtet sich bei diesen Übungen auf eutonisches Strecken, Räkeln und Dehnen. Wie groß der Unterschied ist zwischen bewusstem, genüsslichen Räkeln und einem Strecken schnell mal zwischendurch kann jeder selbst ausprobieren. Das bewusste Räkeln verschafft deutlich mehr Erfrischung. Es regt die Durchblutung an, verbessert die Geschmeidigkeit von Sehnen und Muskeln und macht wach.

In der Eutonie heißt das, dass der Tonus von einem niedrigen Niveau – gekennzeichnet durch Müdigkeit oder eine einseitige Haltung – auf ein höheres gehoben worden ist. Aufmerksam ausgeführtes Dehnen und Strecken verbessert das Körpergefühl und sensibilisiert für natürliche Bewegungsabläufe.

Obwohl Gähnen und Räkeln Basisfunktionen sind, müssen wir sie oft erst wieder lernen. Kinder haben mit dem (Wieder-)Erlernen von gesundem Räkeln meist keine Probleme. Erwachsene haben oft Hemmungen, weil sie gelernt haben, dass sich öffentliches und ausgiebiges Recken und Strecken oder gar Gähnen nicht gehören. In der Eutonie hingegen ist es ausgesprochen erwünscht. Intensives Strecken und Dehnen kann man in der Eutonie immer wieder einsetzen, zum Unterbrechen von – für Kinder – allzu ruhigen Spür-Übungen oder zu Beginn oder Ende der Übungen.

Das Strecken und Dehnen sollte bei Kindern allerdings nicht allzu lange dauern. Es ist auf alle Fälle besser, ein paar Sekunden gut und intensiv einmal alle Muskeln durchzustrecken, als Langeweile zu riskieren. Nach neuen medizinischen Empfehlungen soll es übrigens gesünder sein, wenn die Kinder sich jeweils über Kreuz dehnen, also linkes Bein und rechten Arm strecken statt rechtes Bein und rechten Arm.

Bei den Bewegungsübungen wird immer wieder der Boden mit einbezogen. Für viele, auch schon für Kinder, ist das eine neue Erfahrung, dem Boden so viel Aufmerksamkeit zu widmen. In der Eutonie ist der Boden als uns tragender Untergrund sehr wichtig. Wir erfahren von ihm eine „Grundsicherheit". Ein guter Bodenkontakt hilft uns in allen Lebenslagen das Gleichgewicht zu halten.

Vorschlag 1: Aufwachen und Strecken

- Begrüßung
- Tobe-Übung mit ausgiebigem Tollen durch den Raum.
- Spür-Übung mit einer kleinen Bestandsaufnahme auf der Matte.
- Die Kinder liegen auf der Matte in Seitenlage, Knie am Bauch, Ellbogen angezogen. Diese Embryohaltung ist für viele Kinder die gewohnte Schlafhaltung.
- Die Zehen und die Fingerspitzen so weit strecken wie es geht. Schauen Sie nach, ob die Kinder wirklich in eine gerade Seitenlage gekommen sind.
- Die Kinder drehen sich auf den Rücken und ruhen sich aus.
- Auf die andere Seite drehen und wieder mit aller Kraft den ganzen Körper strecken.
- Die Kinder legen sich in eine ihnen bequeme Position und schließen die Augen. Die Erzieherin oder Lehrkraft geht herum und hebt Arme und Beine der „schlafenden" Kinder sachte hoch.
- Jetzt dürfen die Kinder „aufwachen" und sich ausgiebig räkeln und strecken. Die Fingerspitzen strecken, die Arme strecken, auch über Kreuz. Die Beine ausdehnen, die Zehen zum Boden strecken, dann die Ferse nach vorn schieben. Machen Sie das Strecken am besten mit.

Variante: Bei Kindern, die Partnerarbeit gewöhnt sind, kann die Übung erweitert folgendermaßen werden:
- Ein Kind bleibt schlafend auf der Unterlage liegen, die anderen setzen sich leise im Kreis um dieses Kind herum. Ein Kind darf anfangen und vorsichtig ein Bein oder einen Arm oder die Hand hochheben. Dann kommt das nächste an die Reihe. Das liegende Kind bleibt passiv.
- Wechseln: Ein anderes Kind darf schlafen. Achten Sie aufmerksam darauf, dass immer nur ein Kind das „schlafende" berührt.
- Abschluss

Vorschlag 2: Über die grüne Wiese rollen

- Begrüßung
- Tobe-Übung
- Spür-Übung
- Die Kinder stellen sich vor: Der Boden ist eine grüne Wiese, mit ein paar Gänseblümchen drauf. Sie rollen nun wie ein Ball kreuz und quer über die Wiese. Wichtig für gesundes Rollen: Der Kopf der Kinder sollte dabei nicht wie eine Fahne hochgehen. Gerollt wird mit dem ganzen Körper.
- Dann versuchen die Kinder den Körper gerade zu machen und so über die Wiese zu rollen. Besser ist es, wenn die Arme über den Kopf reichen, als Verlängerung des Rumpfes. Der Kopf soll nicht führen. Sagen Sie, dass es dabei sein kann, dass ein anderer „Roller" berührt wird. Das sollte aber immer vorsichtig geschehen.
- Zeigen Sie den Kindern, wie viel Ecken der Raum hat. Sie rollen nun diagonal von einer Ecke durch den ganzen Raum auf die nächste Ecke zu.
- Abschluss

Vorschlag 3: Lauter Krabbelmonster

- Begrüßung
- Tobe-Übung
- Spür-Übung
- Die Kinder krabbeln auf allen vieren kreuz und quer durch den Raum.
- Stellen Sie ein paar Hindernisse in den Weg: Kissen, Reifen, Holzblöcke usw. Die Kinder krabbeln über Hindernisse.
- Sagen Sie an, dass die Kinder jetzt wie Löwen gehen sollen. Dann wie kleine Katzen.

- Zuletzt stellen Sie einen oder mehrere Stühle in den Raum. Die Kinder versuchen nun auf den Stuhl einmal anders zu kommen als sonst: Sie krabbeln von hinten durch oder krabbeln sich von unten heran.
- Stellen Sie mehrere Stühle hintereinander. Die Kinder krabbeln unter dem Tunnel durch. Lassen Sie weitere Ideen der Kinder zu, was mit den Stühlen oder anderen Hindernissen passieren soll.
- Rückkehr auf die Matte, Rückenlage. Kurze Nachspür-Übung: Wie fühlen sich deine Knie an? Sind sie warm? Tut etwas weh? Wenn du nicht gehst, sondern krabbelst: Was ist mit deinen Händen? Was ist mit der Fußunterseite?
- Abschluss

Vorschlag 4: Päckchen schnüren
- Begrüßung
- Tobe-Übung
- Spür-Übung
- Die Kinder liegen auf der Matte. Fordern Sie die Kinder auf, sich klein wie ein Päckchen zu machen.
- Dann wird das Päckchen langsam entschnürt und aufgemacht – in Partnerarbeit, Gruppenarbeit, oder das Kind macht es selbst. Jeden Finger extra oder nur grob Arme und Beine entrollen – Sie entscheiden das selbst je nach Geduld und Status der Kinder und sagen es jeweils an.
- Besprechen Sie vor dem Abschluss mit den Kindern, wie es war, so zusammengeschnürt zu sein.
- Abschluss

Variante: Während die Kinder zusammengepackt da liegen, sprechen Sie die Luft an, die das Kind umgibt. Kann man sie spüren? Ist sie kalt oder warm? Ist der Körperteil, der auf dem Boden liegt, wärmer als der oben liegende Teil? Machen Sie eventuell durch ein offenes Fenster oder mit einem Föhn die Luft spürbar.

Vorschlag 5: Pendeln im Glockenturm
- Begrüßung
- Tobe-Übung
- Die Kinder stehen gerade auf ihrer Matte. Sie sollen sich während der Übung nicht abknicken oder drehen.

- Die Erzieherin oder Lehrkraft geht zu einem Kind, umschließt es mit den Armen und drückt es dann abwechselnd von einem Arm zum anderen. Es entsteht eine sanfte Pendelbewegung.
- Das Kind pendelt dann aus eigener Kraft, indem es sein Gewicht so lange nach der einen Seite verlagert, bis es den Arm der Lehrerin oder Erzieherin sachte berührt. Dann pendelt es zur anderen Seite.
- Bevor das nächste Kind drankommt, stellen Sie einige Fragen. Bitten Sie die Kinder, im Stillen zu antworten: Wie hat sich dein Körper beim Pendeln angefühlt? Was haben deine Beine dazu gesagt? Wann war das Gewicht mehr auf deiner Ferse, wann mehr im vorderen Fußteil? Ist dein Fuß irgendwo in der Luft gewesen? Was war schöner: Selber pendeln oder gependelt werden?
- Auf der Matte liegen. Intensiv räkeln und strecken. Die Übung nachklingen lassen mit ein paar Fragen: Wie fühlt sich das Liegen jetzt an? Bewegst du dich im Geiste noch? Sind deine Beine leicht oder schwer? Kannst du spüren, wo du die Erzieherin oder Lehrkraft berührt hast?
- Abschluss

Tipp: Machen Sie zwischendurch eine Tobe-Übung für alle, damit das Warten für die anderen nicht zu lange dauert. Zum Beispiel: Alle bewegen sich, als ob sie ein Hase wären, ein Elefant. Wir tun, als ob wir im Dschungel wären.

Extra-Vorbereitung: Bambusstöckchen.

Vorschlag 6: Weltreise

- Begrüßung
- Tobe-Übung
- Eventuell Spür-Übung
- Die Kinder verteilen die Matten im Raum. Manche liegen nah beieinander, andere etwas weiter weg. Die Matten sind „Inseln" und die Kinder überlegen, wie sie jeweils von einer zur anderen kommen. Man kann zum Beispiel „fliegen": durch einen Sprung von der einen Matte zur anderen.

Man kann „Brücken bauen": indem man ein Bambusstäbchen zwischen zwei Inseln legt.

Man kann schwimmen: auf allen vieren durch das Wasser pflügen.

- Haben sich alle ein bisschen ausgetobt, können Sie fragen: Wie kann ich mich noch von einer Insel zur anderen bewegen? Geben Sie den Ideen der Kinder

Raum. Ein Beispiel: Fliegen mit einem großen Flugzeug – zwei Kinder tragen ein Kind von Insel zu Insel, bei kleinen Kindern ist die Erzieherin das Flugzeug.
- Die Kinder kehren zu ihrer Matte zurück und setzen sich. Fragen Sie: Wie hat das Reisen am meisten Spaß gemacht? Was war schwierig? Hat das Brückenbauen länger gedauert als das Fliegen? Bist du froh wieder auf deiner Insel zu sein? Ist dein Körper warm geworden durch das Reisen?
- Abschluss

Variante: Die Übung kann auch mit weiterem Material erweitert werden: Die Kinder bauen zwischen den Matten Brücken aus unterschiedlichstem Material. Beim Überqueren darf das „Meer" nicht berührt werden.

Vorschlag 7: Fortbewegen ohne Füße
- Begrüßung
- Tobe-Übung
- Spür-Übung
- Die Kinder bewegen sich frei im Raum, wie sie wollen: krabbeln, schleichen, hüpfen, rennen.
- Dann halten die Kinder mit der rechten Hand den rechten Fuß fest (berühren Sie bei kleinen Kindern den „richtigen" Fuß) und versuchen sich erneut im Raum zu bewegen.
- Dann den linken Fuß festhalten.
- Fragen Sie zwischendurch: Wie kann ich mich jetzt noch bewegen? Was ist anders?
- Die Kinder dürfen jetzt beide Füße nicht benutzen. Welche Fortbewegung ist nun möglich?
- Die Kinder dürfen sich nur im Liegen weiterbewegen. Wie geht das?
- Andere Möglichkeiten? Fragen Sie die Kinder nach eigenen Ideen.
- Zum Abschluss eventuell noch einmal eine kleine Spür-Übung. Tief ausatmen, verabschieden.

Vorschlag 8: Werfen I
Eine sehr gute Übung, um Aufmerksamkeit zu trainieren, den Tastsinn zu fördern und die Motorik zu verbessern, ist Werfen. Hier ist ausnahmsweise etwas Korrektur erlaubt, schließlich soll der Ball irgendwann da landen, wo das Kind

es geplant hatte. Nach Jenny Windels helfen Wurfübungen interessanterweise beim Schreibenlernen für die Schule.

Erfahrungsgemäß fällt das Üben mit einem trägen Kastaniensäckchen leichter als mit springlebendigen Tennisbällen. Kindern fällt es oft schwer, etwas zielgenau in die Luft zu werfen, mit den Säckchen können aber die meisten bald umgehen, sie sind auch griffiger als normale Bälle mit glatter Oberfläche. An den Säckchen lernen die Kinder ganz leicht den grundsätzlichen Bewegungsablauf: Fixieren, Festhalten, Schwung, Loslassen.

Extra-Vorbereitung: Kastaniensäckchen.

- Begrüßung
- Tobe-Übung mit einer Variation: Die Kinder sitzen gegen Ende der Übung einander zu zweit gegenüber auf dem Boden und schieben sich ein Kastaniensäckchen zu.
- Eventuell Spür-Übung
- Jedes Kind bekommt nun ein Säckchen. Die Kinder stehen auf der Matte und kneten die Kastanien im Säckchen mit ihrer Hand. Sie versuchen herauszufinden, wie viele Kastanien drin sind.
- Dann schwingen alle das Säckchen mit dem Arm nach vorn und nach hinten, aber ohne loszulassen.
- Wieder schwingen, am höchsten Punkt loslassen und nachsehen, wo das Säckchen gelandet ist.
- Zuletzt geben Sie einen Kreis vor, mit Kreide oder einer Schnur. Die Kinder werfen ihre Säckchen nach Möglichkeit ins Innere des Kreises.
- Abschluss. Oder schon gleich erweitern mit der Übung Werfen II.

Vorschlag 9: Werfen II

Nach der Vorbereitung durch die Kastaniensäckchen (s.o.) kommt jetzt eine intensivere Wurfübung mit den nicht so berechenbaren Tennisbällen. Die Übung Werfen I sollte deshalb schon vertraut sein, bevor Sie mit Werfen II beginnen.

Extra-Vorbereitung: Tennisbälle, ein großer Korb oder eine Kiste.

- Begrüßung
- Tobe-Übung
- Spür-Übung
- Die Kinder holen sich jedes einen Tennisball. Korb oder Kiste kommen in die Mitte, nicht zu weit weg von den Kindern.

- Nacheinander versuchen die Kinder ihren Ball in den Korb zu werfen. Schwingt der Arm zu locker oder zu steif, wird der Ball daneben landen. Das tut er auch, wenn der Arm zu früh zurückschwingt. Unterbrechen Sie dann und erklären Sie, dass es der richtige Bogen ist, der hilft, das Ziel zu treffen.
- Zweite Wurfrunde: Die Kinder stehen hintereinander. Bevor ein Kind wirft, gleiten Sie nun mit Ihrer Hand von der Schulter bis zur Hand des Kindes und weiter in die Luft und gehen bis zum Korb oder Kiste. Das ist der Verlaufsbogen des Balles. Sie können ihn auch mit einem dünnen Stab zeigen.
- Dritte Runde: Fordern Sie die Kinder auf, *vor* dem Werfen die Bahn, die der Ball fliegen wird, zu spüren. Können sie den Ball bis zum Korb hin im Geiste fliegen sehen?
- Spätestens jetzt möchten die Kinder eigene Ideen mit den Bällen verwirklichen (oder haben es schon getan!). Lassen Sie das begrenzte Zeit zu.
- Führen Sie die Kinder zum Abschluss zurück auf die Matte und machen Sie eine kleine Sitzrunde: Ist der Wurfarm schwerer als der, der nicht geworfen hat? Ist er leichter? Wärmer?

Tipp: Ist diese Übung in den Grundzügen den Kindern vertraut, können Sie sie später immer wieder einbauen, um ruhigere Eutonie-Einheiten aufzulockern – oder am Anfang zum Austoben.

Vorschlag 10: Extra-Vorbereitung: Tennisball, Talkum oder ähnliches Puder.
Werfen III
- Begrüßung
- Tobe-Übung
- Spür-Übung
- Die Kinder bekommen je einen Tennisball. Sie dürfen ihn rundum einpudern.
- Jedes wirft nun seinen Tennisball an einen selbst gewählten Punkt im Raum. Es vergleicht den Punkt mit der Stelle, die es für die Landung des Balles geplant hatte.
- Wiederholen. Machen Sie die Übung vor oder mit, wenn die Kinder nicht genau wissen, was gemeint ist.
- Jetzt versuchen die Kinder mit einem frisch markierten Ball eine Fläche zu treffen, die Sie vorgeben.
- Abschluss

Tipp: Behalten Sie das Gefäß mit Puder gut in der Hand oder zumindest im Auge!

Die Kinder lernen hier besonders Größen und Entfernungen abzuschätzen und ihre eigene Körperform wahrzunehmen.

Vorschlag 11: Hüpfburg

Extra-Vorbereitung: Stoffreste, Kissen, Teppichreste in verschiedener Größe.
- Begrüßung
- Tobe-Übung
- Spür-Übung
- Die Erzieherin oder Lehrkraft breitet Stoffreste, Kissen, Teppichreste in verschiedenen Größen o. Ä. auf dem Boden aus, die Kinder können dabei helfen.
- Die Kinder versuchen nun von einer Fläche zur anderen zu hüpfen und auszuprobieren, welcher Teil ihres Körper am besten draufpasst: Der Fuß, das Knie, der Po, der Bauch, der ganze Körper? Die Kinder verschätzen sich das erste Mal häufig, lassen Sie ruhig etwas Trubel zu.
- Wenn etwas Ruhe eingekehrt ist, lassen Sie die Kinder wieder zum Ausgangspunkt, ihrer Matte, zurückkehren.
- Die Kinder klopfen sich selbst an den Körperteilen ab, die vorher das Material berührt haben. Fragen Sie, ob die sich anders anfühlen als die Bereiche, die leer ausgingen.
- Neuerliche Hüpf-Runde. Die Kinder suchen jetzt das Material auf, wo sie noch nicht waren.
- Ruhepause auf der Matte. Abklopfen, wo das Material berührt wurde.
- Die Kinder klopfen dann ausführlich die Bereiche ab, die noch nicht an der Reihe waren.
- Abschluss mit kurzer Ruhe auf der Matte. Fragen Sie beispielsweise: Ist der Körper überall warm? Liegt er jetzt anders auf der Matte als am Anfang? Räkeln, dehnen, ausatmen, verabschieden.

Vorschlag 12: Käfer, Hummel, Frosch

- Begrüßung
- Tobe-Übung
- Die Kinder liegen in Rückenlage auf der Matte und bewegen Arme und Beine frei in der Luft. Sie können strampeln, stoßen, mit den Füßen einen Kreis ziehen, so tun, als ob sie ein Käfer sind, der auf den Rücken gefallen ist.

- Dann versuchen die Kinder sich mit möglichst wenig Kraftaufwand auf den Bauch zu drehen. Wieder Beine und Arme frei und nach Lust und Laune in der Luft bewegen. Es fällt jetzt etwas schwerer. Sich beispielsweise vorstellen, eine Hummel fliegt.
- Dann: Wiederum Bauchlage, die Kinder stellen sich vor, ein Frosch zu sein. Die Arme bleiben ruhig, um so kräftiger arbeiten die Beine und Füße.
- Zwischendurch immer wieder Ruhephasen einbauen und fragen, wie sich die Beine und Arme anfühlen. Oder was die Bewegung mit dem Bauch macht.
- Abschluss

Vgl. dazu auch die „Muschelübung" S. 51.

Vorschlag 13: Entfalten I
- Begrüßung
- Tobe-Übung
- Spür-Übung
- Füße ausgleiten: Die Kinder liegen auf dem Rücken, die Füße werden langsam aufgestellt, bis sie fast den Po berühren. Vorstellung: Ein Faden oder eine Schnur zieht die Füße, ich muss gar keine Kraft anwenden. Dann gleiten die Füße wiederum ohne viel Kraftanwendung in eine ausgestreckte Haltung zurück.
- Die Kinder machen sich ganz klein, wie eine Muschel. Dann öffnen sie sich langsam. Erst kommt ein Arm heraus, dann der andere, dann ein Fuß – bis die ganze Muschel komplett da liegt.
- Manchen Kindern fällt es sehr schwer, sich langsam zu entfalten. Deshalb können Sie Intervalle mit schnellem Öffnen dazwischen schieben: Etwas zum Essen kommt an der Muschel vorbeigeschwommen. Sie öffnet sich plötzlich ganz schnell und macht sich anschließend wieder klein.
- Abschluss mit intensivem Strecken, Atmen, Verabschieden.

Tipp: Das langsame Entfalten können Sie vom Bewegungsablauf her sehr gut und spielerisch durch das „Deckenspiel" vorbereiten (s. S. 70).

Vorschlag 14: Entfalten II
Der Übungsvorschlag „Entfalten I" kann noch bewegter variiert werden, wenn die Kinder statt der Muschel ein Wollknäuel sind.
- Die Kinder rollen sich zu einem Wollknäuel zusammen.

- Dann rollen sie sich ganz langsam aus, bis sie ein ganz langer Wollfaden geworden sind.
- Die Wolle wird wieder zusammengerollt und kullert jetzt über den ganzen Fußboden.
- Wo sie liegen bleiben will, rollt sie sich wieder ganz langsam auseinander und wird ein langer, gerader Faden.
- Wiederholen, so oft es Spaß macht.
- Abschluss eventuell mit kurzer Spür-Übung. Wie fühlt sich jetzt mein Rücken an? Meine Beine? Dann räkeln, atmen, verabschieden.

Übungskreis IV: Widerstand

Für manche Kinder ist erst durch Widerstand – durch ein Material oder einen Gegenstand – eine Berührung richtig spürbar. Zum Widerstand gehört Druck, der Druck reizt den Tastsinn manchmal mehr als sanfte Berührung. Um den Körper kennen zu lernen, wird deshalb in der Eutonie zuweilen tüchtig geklopft, um den betreffenden Körperteil deutlich spürbar zu machen (s.a. Übung „Den Körper abklopfen", S. 105).
Manchmal haben Kinder Schwierigkeiten, mit beiden Beinen fest auf den Boden zu stampfen. Das ist ein Zeichen für fehlende Koordination. Nach ein paar Widerstandsübungen gibt es damit meist keine Schwierigkeiten mehr.
Die Widerstandsübungen helfen außerdem, die optimale Kräfteverteilung (wieder) zu finden. Das Abdrücken von Wand oder Boden oder einem Gegenstand hilft Kindern oft erstaunlich schnell Aggressionen abzubauen – die Aggressionen sozusagen an die Wand oder den Boden abzugeben. Die Übungen wirken darüber hinaus sehr entspannend und sind hervorragend für Kinder mit Schlafstörungen geeignet.

Vorschlag 1: Die Wand drücken

Extra-Vorbereitung: Ein glatter Boden ist von Vorteil.
- Begrüßung
- Tobe-Übung
- Spür-Übung, eventuell die Füße mit einbeziehen und durchtasten.
- Die Kinder legen sich, immer in gutem Abstand voneinander, vor eine Wand.

- Dann stellen sie die Fußsohlen gegen die Wand, und zwar so, dass Ober- und Unterschenkel einen rechten Winkel bilden. Die Füße stehen parallel zueinander und hüftbreit gegen die Wand. Machen Sie es den Kinder am besten vor statt es ihnen zu erklären.
- Richten Sie die Aufmerksamkeit der Kinder jetzt auf ihre Fußsohlen. Wie fühlt sich die Wand an? Wie meine Fußunterseite? Was macht meine Ferse?
- Um den Kontakt zu verstärken: Fordern Sie die Kinder auf, in ihrer Vorstellung durch die Wand zu drücken, bis ins nächste Zimmer hinein.

Bei ganz kleinen Kindern kann hier die Übung beendet werden. Ansonsten:
- Die Kinder geben Druck an die Fußsohlen ab, und zwar so viel, dass sie sich schwungvoll von der Wand abdrücken und rückwärts in den Raum hinein rutschen.
- Die Wandübung wird einige Male wiederholt.
- Dann: Die Kinder bilden eine Schlange, indem sie die Füße jeweils auf den Schultern des vorderen ablegen. Dann drückt derjenige, der die Fußsohlen an der Wand hat, mit noch mehr Kraft gegen den Widerstand und schiebt die anderen Kinder mit weg.
- Rückkehr auf die Matte, eventuell kleine Spür-Übung.
- Abschluss

Variante 1: Die Kinder oder der/die Übungsleiter/-in zeichnen mit Kreide auf dem Boden ein, wie weit weg von der Wand sie sich abgestoßen haben. Haben Sie die Übung auf Teppichboden gemacht, können Sie auch Stäbe oder Schnüre zur Kennzeichnung nehmen.

Variante 2: Die Kinder legen sich vor dem Abdrücken einen Ball (Kastaniensäckchen, Kissen) hinter den Kopf. Das Hindernis wird dann mit weggedrückt.

Variante 3: Die Fußsohlen lehnen an der Wand. Die Zehen werden so weit als möglich nach außen gedreht, die Ferse schiebt sich automatisch nach oben. Am besten vormachen!

Tipp: Den Kindern fällt es manchmal leichter, gegen einen weichen Widerstand die Wand zu drücken. Legen Sie dann am Anfang ein Stück Schaumstoff o. Ä. zwischen Fuß und Wand.

Vorschlag 2: Unsichtbarer Stuhl

- Begrüßung
- Tobe-Übung
- Eventuell kurze Spür-Übung
- Die Kinder lehnen mit den Rücken an einer Wand und haben die Knie gebeugt. Sie sehen aus, als säßen sie auf einem unsichtbaren Stuhl.
- Fragen Sie die Kinder, wo sie fest gegen die Wand drücken und wo nicht. Wo sie den Boden spüren.
- Dann strecken die Kinder die Beine. Die ganze Rückseite des Körpers lehnt nun an der Wand. Fragen Sie erneut nach den Druckpunkten an der Wand und am Boden.
- Die Kinder sitzen, der Rücken drückt fest gegen die Wand. Versuchen Sie den Rücken Stück für Stück durchzugehen: Wie fest liegt die Schulter an der Wand, wie fest der mittlere Rücken? Wo kannst du ein Loch fühlen? Versuche bis zum nächsten Raum durchzudrücken.
- Vor dem Abschluss noch eine Übung zum Austoben, zum Beispiel die „Hüpfburg" (s. S. 117).
- Abschluss mit intensivem Räkeln und Strecken.

Vorschlag 3: Handball

Extra-Vorbereitung: zwei Softbälle für jedes Kind.
- Begrüßung
- Tobe-Übung
- Kurze Spür-Übung
- Die Kinder gehen neben ihrer Matte in den Vierfüßler-Stand.
- Sie legen einen Ball unter die rechte Hand (eventuell zeigen, wo die rechte Hand ist). Die Kinder drücken dann den Ball möglichst flach.
- Dann kommt die linke Hand an die Reihe.
- Vor der Wiederholung: Bitten Sie die Kinder, beim Drücken ihren Arm und die Schulter zu beobachten. Fragen: Wie verändern Arm und Schulter sich, wenn ich drücke? Was macht die Hand innen, wo der Ball liegt? Wie fühlt sich die Hand an, die nicht drückt?
- Abwechselnd mit der einen, dann mit der anderen Hand drücken.
- Zum Schluss auf die Matte legen und eine kurze Nachspür-Übung machen.
- Abschluss

Tipp: Alle Übungen mit Bällen bringen die Kinder erfahrungsgemäß auf besonders viele Ideen. Planen Sie vor allem die ersten Male entsprechend Zeit zum Austoben mit ein.

Vorschlag 4: Fußball

Extra-Vorbereitung: zwei Softbälle für jedes Kind.
- Begrüßung
- Tobe-Übung
- Spür-Übung
- Die Kinder liegen in Rückenlage auf der Matte, die Beine sind dabei aufgestellt.
- Sie schieben unter jeden Fuß einen Softball. Mit dem rechten Fuß (eventuell zeigen) drückt nun jeder den Ball so flach wie möglich. Der Druck soll in der Vorstellung der Kinder bis zum Boden, vielleicht sogar bis zum Keller, verlängert werden.
- Dasselbe nun mit dem linken Fuß.
- Machen Sie die Kinder darauf aufmerksam, was mit ihrem Bein, mit ihrer Fußsohle passiert, sobald sie drücken, und wie es sich anfühlt, wenn sie wieder locker lassen.
- Mit beiden Füßen abwechselnd, dann gleichzeitig auf die Bälle drücken.
- Abschlussritual, gut ist jetzt intensives Räkeln und Strecken.

Vorschlag 5: Reifenspringen

Extra-Vorbereitung: Hula-Hoop-Reifen (auch Seil o. Ä.)
- Begrüßung
- Tobe-Übung
- Spür-Übung
- Jedes Kind nimmt einen Reifen und versucht ihn um seine eigene Achse zum Drehen zu bringen.
- Sobald der Reifen ruhig auf dem Boden liegt, springt es in ihn hinein und heraus, ein paar Mal.
- Der Reifen liegt vor jedem Kind, jedes springt nach Ihrer Ansage mit einem Fuß ab und landet mit beiden Füßen innerhalb des Reifens.
- Im Reifen mit beiden Füßen abstoßen, außerhalb des Reifens mit beiden Füßen landen.
- Nur auf dem Vorderfuß hüpfen und landen.

- Die Kinder verändern jetzt den Absprungdruck:
  Sie springen ganz hoch in den Reifen hinein.
  Sie springen ganz flach in den Reifen hinein.
- Sitzkreis auf der Matte: Besprechen Sie mit den Kindern nach Möglichkeit, was sie an sich beobachtet haben. Wie fühlt sich die Fußsohle beim Abdrücken an? Wie beim Aufkommen? Was ist schwieriger: hoch zu springen oder niedrig? Wie fühlt sich es an, nur mit dem Fußballen abzuspringen?
- Abschluss eventuell mit intensivem Räkeln.

Vorschlag 6: Sitzen

Extra-Vorbereitung: eine Gymnastik-Bank oder ein langes Brett.
- Begrüßung
- Tobe-Übung
- Spür-Übung
- Die Kinder setzen sich nebeneinander auf eine lange Bank. Sie muss so niedrig sein, dass ihre Füße auf dem Boden abgelegt werden können.
- Die Kinder rutschen nach Ansage auf der Bank hin und her. Fragen Sie: Wie ist deine Sitzunterlage? Hart? Weich? Kalt? Glatt? Rau? Fühlst du deine Kleidung, auf der du sitzt?
- Dann sollen die Kinder versuchen die Punkte zu spüren, auf denen sie sitzen. Durch Drücken nach unten oder Unterlegen der Handflächen können sie das leichter fühlen. Geben Sie den Kindern Zeit für ihre Beobachtungen.
- Dann legen die Kinder ihre Hände locker auf die Oberschenkel. Fordern Sie jetzt die Kinder auf, im Sitzen „zu wachsen".
- Ein paarmal Drücken und Wachsen wiederholen – bis die Kinder eine aufrechte Sitzhaltung einnehmen können.
- Abschluss eventuell mit intensivem Räkeln.

6. Nachbereitung

Nach ein paar Übungseinheiten hat die Übungsleitung oft das Bedürfnis, das eigene Vorgehen im eutonischen Sinn zu überdenken und Fortschritte der eigenen Gruppe zu erfassen. Beim Nachdenken und Kontrollieren hilft ein kleiner Fragenkatalog (nach Elisabeth Fohrler, Wachsen durch Sinneserfahrung):

Fragenkatalog
1. Haben die Kinder Angebote und Aufgaben bekommen, die all ihre Sinnesorgane und damit ihre Wahrnehmungsfähigkeit trainiert?
2. Habe ich den Alltag integriert?
3. Habe ich den Unterricht den Fähigkeiten und Möglichkeiten meiner Kindergruppe angepasst?
4. Habe ich Ideen der Kinder genügend mit einbezogen?
5. Hatten die Kinder genug Zeit für eigenes Erproben und Entdecken?
6. Habe ich ihre Äußerungen wertfrei aufgenommen und verarbeitet?
7. Habe ich alle Kinder gleichermaßen in das Geschehen einbezogen und die Bedürfnisse einzelner Kinder erkannt?
8. Habe ich alle meine Kinder in meiner Aufmerksamkeit behalten können?

Immer gilt jedoch: Die Individualität der Leitung und der Gruppenmitglieder spielt eine große Rolle. Deshalb ist jede Übungseinheit auf ihre Art einmalig.

7. Zwischen Improvisation und Intention

Nach Herzenslust spielen und dabei eine Menge an Sinneserfahrungen machen: das sollte in der Eutonie mit Kindern im Vordergrund stehen. Ein Leistungswettbewerb ist weder für Kinder noch für die Erzieherin oder Lehrkraft angesagt. Die eutonischen Aufgaben sollten immer flexibel sein, das heißt, sie werden im Augenblick und nach Bedarf erweitert oder verkürzt. Streit oder Herummalbern kann ein Zeichen für Überforderung oder Langeweile einzelner Kinder sein. Außerdem ist das Tast-Empfinden der Kinder sehr unterschiedlich: Was der eine als Berührung empfindet, ist für den anderen schon eine Grobheit.

Eutonie-Pädagoginnen und Pädagogen erleben immer wieder: Je unmöglicher eine ruhige Stunde bei einem Kind anfangs erscheint, desto größer ist der Effekt nach einer Phase regelmäßigen Übens gerade bei diesem Kind. Hoffnungslose Fälle gibt es nicht, höchstens zu große Erwartungen.

Und weil Eutonie heißt, immer auf die Bedürfnisse der einzelnen Gruppenteilnehmer einzugehen, ist grundsätzlich vieles in die Stunde integrierbar, was anderswo hemmend oder störend erscheint.

Trotzdem läuft nicht immer alles so ab, wie es sinnvoll oder wünschenswert ist – bei Kindern ist Planung wohl meist ein Spagat zwischen Improvisation und Intention. Klären Sie vorher für sich, was den speziellen Hintergrund Ihrer Gruppe prägt. Was fällt Ihren Kindern nach Ihren Erfahrungen schwer? Eine kritische Bestandsaufnahme vor Beginn und ein paar Überlegungen zu Störfällen können deshalb bei Unsicherheiten am Anfang hilfreich sein:

Atmosphäre

An einem Tag, an dem Sie genervt sind oder/und die Kinder wie Ameisen umherlaufen, sollte Sie vielleicht keine eutonische Übungseinheit planen. Denken Sie daran, dass auch ihre Stimmung von den Kindern aufgenommen wird und die Stunde mit trägt – ob Sie wollen oder nicht.

Material

Wenn Material neu ist, weckt das naturgemäß gesteigertes Interesse bei den Kindern. Liegt Material im Raum, das nicht gebraucht wird, beginnen die Kinder sich damit zu beschäftigen und achten nicht auf die neue Übung. Deshalb legen Sie das Material besser außer Sichtweite, aber dennoch in greifbare Nähe, sodass Sie es jederzeit hervorholen können.

Ansagen

Werden die Ansagen von den Kindern nicht verstanden, führen Sie aus, was Sie gesagt haben und machen Sie mit. Ein schematisches Vormachen – Nachmachen sollten Sie jedoch vermeiden.

Manchmal hören die Kinder nur den Anfang einer Ansage und legen sofort los. Achten Sie darauf, den Start, etwa durch einen Gong, genau festzulegen.

Wiederholungen

Oft wünschen die Kinder mittendrin eine Wiederholung. Kommen Sie dem nach, wenn es passt. Wenn es den Fluss der Einheit stören würde, verweisen Sie auf das Ende und holen Sie das Gewünschte dann nach.

Unterbrech- Kleine Streitigkeiten dürfen zwischendurch ruhig sein, bei größeren muss man
ungen eingreifen. Oft ist Wettbewerb schuld, nach dem Motto: Ich kann etwas besser. Sagen Sie, dass es „besser" und „schlechter" in der Eutonie nicht gibt.
Der Grund für Blödeleien oder Streitereien kann auch in einer zu langen Eutonie-Übung liegen, die die Kinder überfordert. Einige haben starke Blockaden bei Berührungsübungen. Verstärken Sie dann das spielerische Element oder lassen Sie ein Kind für eine Zeit aussteigen. Es kann hinausgehen oder etwas anderes machen. Eine längere Unterbrechung kann es nötig machen, mit einer ganz neuen Aufgabe zu beginnen.

Störungen Bauen Sie Störungen, wenn möglich, mit in die Übungen ein. Zum Beispiel: Wie klingt es, wenn ein Bambusstöckchen auf den Boden fällt? Tut es dir gut, jetzt zu schreien? Wollen das die andern zu jetzt auch machen? Wie wäre es, wenn wir jetzt alle einmal schreien und sehen, was mit uns passiert, wie wir uns dann fühlen? Wenn alles nichts hilft: Ein Störer kann auch mal draußen warten.

Checkliste Machen Sie eventuell vorher eine kleine Stichwort-Liste zum Thema „Wie reagiere ich, wenn …?"

8. Zum schnellen Nachschlagen

Die Spür- Die Spür-Übung ist eine der grundsätzlichen Eingangsübungen für eutonische
Übung Einheiten, aber für Kinder setzt sie schon ein bisschen Ruhevermögen voraus. Sie schult das Gefühl für das Liegen auf der Unterlage und für Veränderungen im eigenen Körper. Mehr als fünf Minuten sollte sie bei Kindern zunächst nicht dauern, oft werden sogar zwei Minuten für den Anfang ausreichend sein.
Die Kinder liegen auf der Matte, zunächst auf der Seite. Sprechen Sie verschiedene Punkte an, die in dieser Lage die Unterlage berühren, etwa: die Wange, der Arm, das Knie, ein Zeh. Fragen Sie eventuell, wie sich das Liegen auf diesen Körperteilen anfühlt. Angenehm? Unangenehm? Was liegt schwer auf? Was leicht? Erwarten Sie nicht unbedingt Antworten. Die Kinder registrieren aber vielleicht die Fragen, die ihre Konzentration leiten können.

Die Kinder drehen sich nun alle auf den Rücken. Die Arme liegen locker rechts und links vom Rumpf. Jetzt werden der Reihe nach bedacht, also angesprochen: der Hinterkopf, die Schultern, der Po, die Ferse.

Intensives Strecken

Eutonisches Strecken macht wach und hilft, den Körper besser kennen zu lernen. Es bedeutet auch neue Körperzonen zu entdecken, die noch nicht aufgewacht sind. Das Räkeln und Dehnen kann man gut zu Beginn jeder Eutonie-Einheit oder zwischendurch immer wieder zum Aktivieren des Kreislaufs einsetzen:
Die Kinder liegen in Rückenlage auf ihren Matten, im Kreis oder durcheinander. Sie sollten die Erzieherin oder Lehrkraft jedenfalls gut sehen können – und arbeiten Sie ruhig mit. Für die Kinder macht es die Übungen meist leichter. Dann strecken die Kinder zunächst ihre Finger, bis in die Fingerspitzen sollen sie gedehnt werden. Es folgen die Zehen: Sie werden nach vorn gestreckt, so weit es möglich ist. Dann werden die Fersen nach vorn geschoben. Dann wird der restliche Körper mit Armen und Beinen gedehnt. Gähnen ist jederzeit erlaubt.
Varianten: Strecken in Bauchlage. In Seitenlage.

Die Ansage

Ansagen werden in der Eutonie sämtliche Anleitungen zu den einzelnen Bewegungsabfolgen genannt. Etwa: „Wir legen uns auf den Rücken", „Wir drehen uns auf die Seite", „Wir strecken unsere Zehen nach vorne" usw. Sie haben Impulscharakter und sind keine Kommandos.
Die Ansagen kommen von der Erzieherin, dem Lehrer, den Eltern oder der Eutoniepädagogin. Sie geschehen idealerweise in ruhigem Ton, kurzen Sätzen und in kindgemäßer Sprache. Ein gemächlicher Sprachrhythmus der Sprache wird von den Kindern oft sehr positiv aufgenommen und kann schon wesentlich zur Entspannung beitragen.

Die Tobe-Übung

Die Tobe-Übung ist dazu da, um sich mit dem Raum vertraut zu machen und überschüssige Energie abzugeben. Sie bereitet deshalb die Kinder auf ruhige Übungen optimal vor. Eine „Als-ob-Runde" ist beispielsweise hervorragend dafür geeignet: Alle sind im Zoo. Jeder ist ein anderes Tier und bewegt sich, als ob er ein Elefant, eine Schlange, ein Storch, eine Giraffe wäre. Sie können auch Geräusche der Tiere zulassen.

Das Begrü- Fordern Sie die Kinder zum gemeinsamen Schuheausziehen auf, machen Sie
ßungsritual auch das Überstreifen der Söckchen gemeinsam. Alle begrüßen einander. Bitten Sie die Kinder, sich jetzt auf die Matten zu setzen. Eventuell ein einstimmendes akustisches Signal zum Beginn, z.B. Flötenton oder Gong.

Das Auch der Abschluss sollte durch einen immer gleichen Ablauf die Kinder wieder
Abschluss- hinausführen aus der Übungseinheit: Die Kinder beispielsweise ein paar Mal tief
ritual durchatmen lassen, mit großen Schritten einmal um die Matte herumgehen, ein paar Sekunden im Stehen mit dem Kopf nach unten durchhängen, Abschiedsformel. Eventuell Flötenton oder Gong.

Literatur

Alexander, Gerda: Eutonie. Ein Weg der körperlichen Selbsterfahrung. Kösel, 1992

Brand, Peter Ulrich: Eutonie. Natürliche Spannkraft. Gräfe und Unzer, 1995

Fohrler, Elisabeth: Wachsen durch Sinneserfahrungen. Eutonieunterricht für Kindergruppen. Diplomarbeit an der Gerda-Alexander-Schule in Offenburg, 1996

* *Kjellrup, Mariann:* Bewußt mit dem Körper leben. Ehrenwirth, 1995

* *Pikler, Emmi:* Laßt mir Zeit. Pflaum, 1988

Schnoor, Claudia: Haltungsschäden bei Kindern – Was die Eutonie leisten kann. Staatsexamensarbeit für das Lehramt in Schleswig-Holstein, 1996

Windels, Jenny: Eutonie mit Kindern. Kösel, 1984

Schneider-Wohlfart, Ursula / Wack, Otto Georg: Entspannt sein, Energie haben. Achtzehn Methoden der Körpererfahrung. Beck'sche Reihe, 1994

Mitteilungen der Deutschen Eutonie-Gesellschaft Gerda Alexander, Nr. 41, zu beziehen über: Renate Riese, Kohlhökerstr. 38, D-28203 Bremen

Adressen

Bezugsadressen für Kirschkernsäckchen

Kirschkernsäckchen und Kastanienschläuche sind (in begrenztem Umfang) erhältlich bei:
Anne Callsen, Eutoniepädagogin, Grandweg 126, App. 113, D-22529 Hamburg.

Kirschkernsäckchen sind erhältlich bei:
Waschbär, Umweltprodukt Versand, D-79093 Freiburg

Eutoniepädagogen/-innen im deutschsprachigen Raum

Name	Straße	Ort
Blabusch, Gerda	Dorfbrunnen 2	D-21369 Nahrendorf
Bloch, Nicole	Chemin d'Eysins 38	CH-1260 Nyon
von Blumenthal, Marion	Alois-Schnorr-Straße 7	D-79219 Staufen
Breunig, Helmut	Baumhofstraße 39	D-37520 Osterode am Harz
Buch, Susanne	Oderstraße 80	D-47445 Moers
Büker, Gerda	Achterum 2b	D-24955 Harrislee
Callsen, Anne	Grandweg 126, App. 113	D-22529 Hamburg
Coch, Karin	Hegholt 56a	D-22179 Hamburg
Combertaldi, Marianne	Würzenbachmatte 33	CH-6006 Luzern
Cremer, Ursula	Alte Landstraße 20	D-38446 Wolfsburg
Dahms-Deu, Ortrud	Schillerstraße 23	D-22767 Hamburg
Delventhal, Dagmar	Brendelweg 227	D-27755 Delmenhorst
Deurer, Johanna	Im Anger 8	D-86157 Augsburg
Eckmann, Thomas	Herbisried 9	D-87730 Grönenbach
Egger, Barbara	Tannebüel	CH-3638 Blumenstein
Fendler, Michael	Robert-Matzke-Str. 39	D-01127 Dresden
Fohrler, Elisabeth	In den Ziegelhäfen 14	CH-4054 Basel
Franco Palacio, Barbara	Hardtstraße 68	D-68766 Hockenheim
Gipp, Brigitte	Feldbehnkehre 20	D-25451 Quickborn
Grabensee, Martin	Billinghäuser Straße 20	D-37120 Bovenden-Reyershausen
Günther, Rose-Maria	Rue du Vicaire Savoyard 10	CH-1203 Genf
Haidle, Doris	Rotenackerstraße 34	D-73732 Esslingen-Neckar
Hauser, Silvia	Im Schwarzwäldele 19	D-77654 Offenburg
Horstmann, Diana	Schanzstraße 7	D-77652 Offenburg
Huckfeldt, Cornelia	Sierichstraße 12	D-22301 Hamburg
Jungermann-Riggers, Barbara	Matthesonstraße 12	D-20257 Hamburg
Kaufmann, Martha Paula	Flurhofstraße 60	CH-9000 St. Gallen
Keller-Strub, Esther	Buobenhof 32	CH-8852 Altendorf
Kessel, Angelika	Hauptstraße 7	D-27308 Kirchlinteln
Kjellrup, Mariann	Gartenstraße 1	D-82544 Neufahrn
Krämer, Nathalie	Scheibenstraße 83	D-48153 Münster
Krawitz, Christa	Prinz-Eugen-Straße 13b	D-76829 Landau i.d. Pfalz
Kroeber, Christa	Dorfstraße 24	D-27386 Riekenbostel
Kurland, Johanna	Grindelallee 148	D-20146 Hamburg
Lemuth, Ursula	Emilienstraße 9	D-70563 Stuttgart

Mosch, Birgit	Staufenstraße 24	D-83233 Weisham-Bernau
Nendel, Brigitte	Leistikowstieg 19	D-22607 Hamburg
Neuber, Marianne	Carstenstraße 12	D-25797 Wöhrden
Neugebauer, Dorothea	Helenenstraße 18	D-53225 Bonn
Neumann, Maria	Flurhofstraße 60	CH-9000 St. Gallen
Ocusono, Barbara	Spitalgasse 11/1	CH-8400 Winterthur
Pelkonen, Tanja	Fiedelerplatz 4	D-30519 Hannover
Petersen, Rudolf	Erwinstraße 58	D-79102 Freiburg
Pourtier·Sobottke, Silvie	Bismarckstraße 39	D-45879 Gelsenkirchen
Riese, Renate	Kohlhökerstraße 38	D-28203 Bremen
Schaefer, Karin	25, Rue des Orphelins	F-67000 Strasbourg
Schaper, Elke Thea	Parkallee 39	D-23845 Borstel
Schmidt, Ursula	Werdstraße 114	CH-8004 Zürich
Schreier, Susanne	Blumenstraße 9	D-72108 Rottenburg-Wurmlingen
Seeser, Roland	Stadtparkstraße 28	D-91126 Schwabach
Seiler, Angelika	Simplicissimusstraße 5	D-77704 Oberkirch
Spekman, Rosa	Mezenpad 118	NL-7071 JS Ulft
Tanner, Elke	Bernhard-Borst-Straße 9/IV	D-80637 München
Tauber, Roswith	Nelkenstraße 26	CH-8006 Zürich
Toh-Bappberger, Anita	Martinsgasse 16	CH-4051 Basel
Wenhold, Trix	Westermarkelsdorf 30	D-23769 West-Fehmarn
Wümpelmann-Seeburg, Annemarie	Lüttensee 36	D-24861 Bergenhusen

(entnommen aus der Zeitschrift: „Eutonie GA – Konkret")

Anerkannte Eutonieschulen

Deutschland:
Gerda-Alexander-Schule e. V.
Leitung: Karin Schaefer
Philosophenweg 27
D-77654 Offenburg

Schweiz:
Ecole d'Eutonie Gerda Alexander
Leitung: Yvette Jaton-Rostan
23, route de Crassier
CH-1298 Céligny

Belgien:
Ecole Belge d'Eutonie Gerda Alexander
Leitung: Pierre Debelle
11 A, chemin du Musée
B-1380 Lasne

Kanada:
Ecole Quebecoise d'Eutonie Gerda Alexander
Leitung: Ursula Stuber
1124 Coin Joli / Cap-Rouge
Quebec G1Y 2G7

Spiele zur Entspannung und Konzentration

Andrea Erkert
Kinder brauchen Stille
Entspannungsspiele für Frühling, Sommer, Herbst und Winter

Wie duftet der Frühling? Wie schmeckt der Sommer? Wie fühlt sich der Herbst an? Wie klingt der Winter? – Diese Sinnesspiele und Entspannungsübungen für Kinder helfen im erzieherischen Alltag, Stress und Aggressionen abzubauen, die Wahrnehmung zu schärfen und sich mit Ruhe und Konzentration einer Sache zu widmen. Die 120 Spiele zum Stillwerden liefern Erzieherinnen und Eltern Material und Ideen für ein ganzes Jahr.

102 Seiten, illustriert, Fotos, kartoniert, ISBN 3-7698-1103-8

Waltraud Herdtweck
Durch Bewegung zur Ruhe kommen
Modelle und Ideen aus der Rhythmik

Bewegungsbedürftige, hyperaktive, konzentrationsschwache oder schüchterne Kinder zu fördern ist in den großen Gruppen der Tagesstätten zunehmend schwierig. Diese praxiserprobten Rhythmikstunden geben dem Bewegungsbedürfnis der Kinder Raum und lassen sie dadurch zur Ruhe kommen. Die Wechselbeziehung von Musik, Sprache und Bewegung und die intensive Beschäftigung mit verschiedenen Materialien dienen einer ganzheitlichen Erziehung.

102 Seiten, zahlreiche Fotos, kartoniert, ISBN 3-7698-0890-8